虚拟仿真教学环境构建

张　敏　著

中国教育出版传媒集团

高等教育出版社·北京

内容简介

近年来,虚拟仿真教学"体系化、标准化、装备化"不断推进,虚拟仿真教学2.0阶段从重点关注虚拟仿真教学资源建设,向加强平台建设,促进共享应用,并支持物理空间与虚拟空间相融合的虚拟仿真教学环境建设转变。分析研究虚拟仿真教学环境的组成要素、构建逻辑等基本问题具有重要意义。本书是介绍虚拟仿真教学环境构建的专著,主要内容共分7章,包括虚拟仿真教学环境概述、虚拟仿真教学环境构建宗旨、虚拟仿真教学资源、虚拟仿真教学装备、虚拟仿真教学管理平台、虚拟仿真教学环境基础条件和虚拟仿真教学环境典型案例。本书可以为从事虚拟仿真教学环境建设、管理及应用的人员提供指导,同时可以作为高校和职业院校虚拟现实等相关专业学生的参考用书。

图书在版编目(CIP)数据

虚拟仿真教学环境构建 / 张敏著 . -- 北京:高等教育出版社,2023.5

ISBN 978-7-04-060234-0

Ⅰ. ①虚… Ⅱ. ①张… Ⅲ. ①计算机仿真 - 应用 - 教学环境 - 建设 - 研究 Ⅳ. ① G42-39

中国国家版本馆 CIP 数据核字(2023)第 060505 号

Xuni Fangzhen Jiaoxue Huanjing Goujian

策划编辑	郝真真	责任编辑	郝真真	封面设计	李小璐	责任印制 刘思涵

出版发行	高等教育出版社	网 址	http://www.hep.edu.cn
社 址	北京市西城区德外大街4号		http://www.hep.com.cn
邮政编码	100120	网上订购	http://www.hepmall.com.cn
印 刷	三河市华润印刷有限公司		http://www.hepmall.com
开 本	787mm×1092mm 1/16		http://www.hepmall.cn
印 张	8.25		
字 数	170 千字	版 次	2023 年 5 月第 1 版
购书热线	010-58581118	印 次	2023 年 5 月第 1 次印刷
咨询电话	400-810-0598	定 价	42.00 元

本书如有缺页、倒页、脱页等质量问题,请到所购图书销售部门联系调换
版权所有 侵权必究
物料号 60234-00

序

　　纵观人类发展历史，技术和工具起着关键的推动作用。300 多年前的欧洲，以机械力为核心的工业革命大幅度提高了生产效率。之后以电力电气为代表的科技革命进一步推动社会进步发展。信息时代，25 岁的埃克特带领团队做出了第一个计算机系统。冯·诺依曼给出了现代计算机系统的新架构，并沿用至今。1946 年至今不到百年，计算机的发展为人类创造了巨大的价值。在教育领域，技术的发展同样引发了重大变革，印刷术、视听技术、多媒体技术、网络技术都对教育产生了革命性影响。技术与生产的融合、技术与教育的融合，大大拓展了人们的思维方式，改变了人们的行为方式，教育形态正在技术的催化下加速演进。以互联网为依托，虚拟现实、大数据、5G、人工智能、区块链等与教育的深度融合，正在快速创设更加多元的教育场景，为解决深层次的教育问题提供新的方案。

　　虚拟现实是新一代信息技术的重要代表，是新一代互联网和新社交环境的入口。呈现技术、三维技术、交互技术、感知技术等的综合应用，使得物理世界中几乎所有的学习内容，如理论学习、技能训练、实验操作等都能在虚拟环境下开展，这是对现有学习方式的巨大突破。虚拟现实通过对物理世界的模拟，构建了逼真的教学环境，学生在虚拟环境中的沉浸式体验，激发更多感知器官参与学习，对于培养学生的专注力、想象力、感悟力都有非常好的作用。虚拟现实的超强互动性有利于学生主动学习，学生可以自主按照自己的学习方式、学习进度和学习习惯来学习，变被动为主动。虚拟现实还有利于探究、设计等高阶学习方式的达成。

　　在虚拟现实的基础上，刚刚初露端倪的元宇宙将很快成为下一个重要的教育场景。元宇宙集合了更多的感知技术、计算技术、重构技术、协作技术和互动技术，是人类未来全新的数字化生存方式，是网络和社会发展的新形态。元宇宙将变革现有的学习方式，使学校教学形态发生巨大变化，学生的日常课堂学习可能都在虚拟空间里进行，学校将成为提供必要的真实学习条件的场所。

　　在当前教育数字化的大背景下，推进虚拟现实教育应用具有重要意义。第一，虚拟现实在实验实习实训、自主互动学习、沉浸式教学等方面具有广泛应用，充分体现教育数字化以应用为导向的发展理念；第二，虚拟现实开创了线上实验的可能性，使 MOOC 教学内容从理论教学拓展至实验实习等，丰富了学生远程自主学习的内容体系；第三，在虚拟现实教学中，学生的每一步操作都能产生数据，这为精准评价提供了依据，也为智能化的指导提供了基础。虚拟现实融合智能技术的空间广阔，是教育数字化转型的有力支撑。

张敏博士是虚拟仿真教学领域难得的青年学者，《虚拟仿真教学环境构建》是她继《虚拟仿真实验的设计与教学应用》之后的又一本专著，是作者从事虚拟仿真相关研究的最新成果。本书的出版既符合作者深入研究的学术逻辑，又符合当前形势要求的实践逻辑。书中提出虚拟仿真教学环境由虚拟仿真教学资源、虚拟仿真教学装备、虚拟仿真教学管理平台和虚拟仿真教学环境基础条件四要素组成，具有创新性和现实意义。书中对这四个方面分别做了深入浅出的论述，对读者系统了解虚拟仿真教学环境有很好帮助，对探索虚拟空间与物理空间相融合的学习环境建设，推进虚拟现实教学相关标准研究和装备化进程具有重要作用。书中还有很多新颖的学术观点，这里不一一赘述。

风起云涌观后海，才人一代胜一代，能为青年学者作序是我的荣幸，也真心希望青年学者们踏实研究，踔厉笃行，在自己的领域取得长足的进步。

戴琼海

中国工程院院士、清华大学教授

2023 年 3 月于北京

前言

这是一本关于教育与技术如何更好结合的书，聚焦虚拟仿真技术支持的新型教学环境的建设。同时，这也是我在虚拟仿真教学领域出版的第二本专著。2021年，在高等教育出版社的支持下，我和我的同事们历时一年半完成并出版了《虚拟仿真实验的设计与教学应用》，该书较为系统地介绍了虚拟仿真技术的概念、行业应用、虚拟仿真应用于教育领域的理论依据和实践路径，还进一步对大家比较关注的虚拟仿真实验设计和教学应用提出了思考和建议。该书的最后两章已经涉及"虚拟仿真实验环境"这一概念，但是受限于当时的研究水平，我对虚拟仿真实验环境的理解还停留在以硬件设备和系统建设为主的层面上，现在回顾起来，这种理解有点"见物不见人"，过于狭隘了。后来，随着研究的深入，我的理解也在不断更新，有两个重要的观点逐渐清晰起来。首先，虚拟仿真教学不等同于虚拟仿真实验教学，仅关注虚拟仿真实验或虚拟仿真实验教学环境并不符合当前的教育实际，而且也不能完全满足教育对虚拟仿真技术的需求。通过研读教育部的相关政策文件、学术文献，并深入学校一线开展实地调查研究，我发现在政策层面或学术研究中，只要谈到虚拟仿真，几乎无一例外地都集中在实验（实训）教学领域，辩证地看，这一方面极大地促进了虚拟仿真实验（实训）教学的发展，但也造成了一定的误解，让很多人误以为虚拟仿真实验（实训）教学就是虚拟仿真教学应用的全部。在个别情况下，甚至造成了一定的观点对立，如在探讨某一项传统教学内容是否可以用虚拟仿真的方式来呈现时，部分教师会以该内容已经可以进行真实实验为由直接拒绝（如高校理工专业常见的力学拉伸实验，中小学的显微镜操作、光合作用实验等），认为这不符合"能实不虚"的基本原则。这样一来，这部分虚拟仿真教学内容就被贴上了不利于真实实验开展，不利于培养学生的实践能力等标签。实际上，很多有益的虚拟仿真教学内容不见得非要和实验（实训）挂钩。我们需要关心的仅仅是某一项虚拟仿真教学内容（活动）是不是有利于学生知识、能力和素养的提升，至于它是应用于理论教学、宣传展示、体验互动还是实验教学中，只不过是路径不同。所以，在本书中，我着意弱化了"虚拟仿真实验"一词，尽可能采用虚拟仿真教学这样一种更加科学、全面和包容的说法，希望大家能理解词语变化背后的含义。其次，逐渐建立起虚拟仿真教学的"大环境观"，对虚拟仿真教学环境的认识从"可见的物"上升到包含多项要素的整体。本书中提出虚拟仿真教学环境由虚拟仿真教学资源、虚拟仿真教学装备、虚拟仿真教学管理平台和虚拟仿真教学环境基础条件四项要素组成，四项要素在支持虚拟仿真教学过程中缺一不可，相互匹配，构成整体。这种提法有效突破了"重硬件轻应用"的教学环境建设思路，强调了"内容为王，应用至上"的新理念。读者可能会说，环境除了上述要素外，还离不开人，离不开制度这些人文因素。这个说法我是十分赞成的，没有好的教学团队和保障机制，再好的教学环境也无法发挥作用，这一点是毋庸置疑的，人永远是一个系统里最核心、最关键，也是最不稳定的变量。术业有专攻，考虑到我并不是从事管理学研究的，对队伍建设、制度建设的了解并不多，为了不误导大家，本书还是重点关注虚拟仿真教学环境的物理组成要素，并没有过多地涉及有关制度、管理等方面。

　　本书的内容共分 7 个章节。第 1 章虚拟仿真教学环境概述，多角度（实现路径、应用场景、教学方式）阐述了虚拟仿真教学环境的内涵，分析了虚拟仿真教学环境与其他信息化、网络化教学环境的区别，鲜明地提出了本书的基本观点即虚拟仿真教学环境由虚拟仿真教学资源、虚拟仿真教学装备、虚拟仿真教学管理平台和虚拟仿真教学环境基础条件组成。如上文所说，这一观点符合学校教育信息化发展的新思路，是"互联网 +"教育从融合发展阶段向创新发展阶段迈进的必然趋势，具有很强的现实意义和可操作性。从结构上，该章起到统领全书的作用。

　　第 2 章虚拟仿真教学环境构建宗旨，从理论和政策两个层面上总结了虚拟仿真教学环境的构建依据，描绘了国家、学校对虚拟仿真教学的期待。这些是从事虚拟仿真教学环境建设和应用的人员应当了解的内容，有利于其把握虚拟仿真教学的发展方向。在本章中，提出了虚拟仿真环境构建的三项原则，首要的就是要以教学为导向，注重教学功能差异性和综合性。其次就是确保要素完整，且协调匹配。第三要融合智能技术，体现智能化特征。

　　第 3 章虚拟仿真教学资源是本书的核心章节。虚拟仿真教学资源是虚拟仿真教学环境的核心，选择恰当、优质、符合教学需求的虚拟仿真教学资源是进行虚拟仿真教学环境构建的首要任务。本书创新性地提出可以根据资源的教学目标、采用的教学方法，将虚拟仿真教学资源分为沉浸体验类、认知强化类、技能训练类（又可以分为流程训练类、决断训练类和动作训练类）、自主设计类（又可以分为简单设计类和复杂设计类）、多人参与类（又可以分为竞赛类和协作类）不同类型。这五类资源的自由度逐渐增大，沉浸体验类资源和认知强化类资源属于低自由度层级，技能训练类资源属于中自由度层级，自主设计类资源和多人参与类资源则属于高自由度层级。自由度的高低能够反映资源可被操作、改变的灵活程度，表征交互－反馈结果的多样性，但是并不与资源的优劣有直接对应关系，也就是说沉浸体验类资源的质量和价值并不就比自主设计类资源低。确切地说，不同类型的虚拟仿真教学资源是与不同的教学目标相匹配的。面向中小学的虚拟仿真教学资源就比较适合以沉浸体验类和认知强化类为主，辅以少部分简单设计类资源；职业院校则应以技能训练类资源为主；高校虚拟仿真实验教学课程建设则应该以自主设计类为主，满足学生综合学习和研究探索的需求。这一章节还涉及了虚拟仿真教学资源的设计与开发流程及相关要求，可以作为从事资源设计与开发的教学人员和技术人员的工作手册。

第 4 章虚拟仿真教学装备中将虚拟仿真教学装备划分为终端装备和云端装备，对常见的终端装备（大屏型、桌面型、头戴型、专用型、移动型等）和云端装备（云渲染引擎、人工智能引擎、科学计算引擎、数据库、区块链等）的原理、组成、特点和适用场景及市场上的代表性产品进行了详细介绍。技术和装备的发展日新月异，令人眼花缭乱，梳理起来并不容易。这部分内容技术性很强，相对来说比较枯燥，读者理解起来也有一定难度。但还是建议读者能够跨过这个门槛，熟悉不同类型虚拟仿真教学装备的特点，进而建立起虚拟仿真教学装备要与虚拟仿真教学资源相匹配的基本认识，这一点至关重要。只有根据教学需求和虚拟仿真教学资源来组织装备建设，才能避免发生硬件堆积。

第 5 章虚拟仿真教学管理平台，主要论述虚拟仿真教学管理平台的功能，简单来说，我们需要一个平台将虚拟仿真教学环境中的资源、装备乃至人管理起来。一个较为完善的虚拟仿真教学管理平台应具备管理与服务门户、公共基础数据管理、教学资源与装备管理、教学环境基础条件管理、教学与教务管理、数据统计分析与可视化等功能模块，以满足各类用户的需求。如利用虚拟仿真教学管理平台，教师能够进行虚拟仿真教学过程的设计和实施，管理人员可以对虚拟仿真教学资源的建设情况、学生的在线学习情况进行监管、查询和统计；学习者可通过平台完成虚拟仿真课程的学习。虚拟仿真教学作为一种数字化教学形态，可以产生、积累大量的数据，这些数据都是可以被采集、记录和挖掘的，要把海量的教育数据转变为有价值的教育大数据，这一过程离不开平台的支持。

第 6 章虚拟仿真教学环境基础条件，是指除虚拟仿真教学资源、虚拟仿真教学装备、虚拟仿真教学管理平台外，应当具备和考虑的为教学提供支持的各种软硬件的总和，涉及电力、网络、服务器、信息安全、采光、照明、通风、防火、环保等要求。此外，还要对环境中的各种设施设备进行空间布局，为学习者提供科学、规范和人性化的空间设计。这里的难点在于虚拟仿真教学是一项新生事物，还没有针对虚拟仿真教学环境提出专门的空间布局建议及其他种种要求，我们没有现成的资料可以直接"拿来主义"。因此，只能根据自己在虚拟仿真领域的研究和实践经验，参考部分国家标准、行业标准，提出虚拟仿真教学环境基础条件应满足的要求。这一章节中涉及的大量具体指标数据并不是本书的独创，但是把这些指标归纳出来用以指导虚拟仿真教学环境建设却是创新。

第7章虚拟仿真教学环境典型案例，共包含高校虚拟仿真实验室、职业院校示范性虚拟仿真实训基地、职业院校虚拟现实专业实训室、中小学虚拟现实功能教室、行业岗位技能培训室五种常见环境。在每一个案例中，我们都遵循环境要素完整，且协调匹配的基本原则，对其中涉及的资源、装备、平台进行逐一介绍，目的就是要展示在实际工作中如何贯彻本书所提倡的理念，给读者一个最直观的参照。

本书是教育部教育技术与资源发展中心（中央电化教育馆）2021年中央级公益性科研院所基本科研业务费专项资助课题"高校虚拟仿真实验教学环境典型案例分析研究"（课题编号 KZX202110）的成果。在此，特别感谢在工作和图书出版过程中给予我支持和帮助的各位同仁。感谢教育部教育技术与资源发展中心刘俊波研究员一直以来的信任与支持！他将包容、平等、沉着等种种美好的价值观带入工作中，使我能够结合自己的专长和兴趣选择研究方向，全力以赴且愉快地投入到工作中。感谢北京邮电大学文福安教授的关心和指导！文老师在虚拟仿真领域从教30余年，他毫不吝啬地将自己多年来的学术经验和研究心得与我分享，可以说，是文老师把我这样一个虚拟仿真的"门外汉"领进了门，文老师称得上我工作后的学术导师。此外，还要感谢高等教育出版社的支持，感谢陈美松等同事和朋友们的支持！我的很多想法都是在与大家思想碰撞时产生的，这也充分说明学习和研究是一项集体活动，而不仅仅是个人行为。

由于个人能力有限，书中一定还存在很多值得商榷的地方，恳请读者提出宝贵意见和建议。

张　敏

2023 年 3 月

目录

第1章
虚拟仿真教学环境概述

1.1 虚拟仿真教学环境的内涵和特征

虚拟仿真教学环境是一种新型教学环境，它伴随着虚拟仿真技术的成熟和教学应用而产生，与传统的信息化教学环境既有相同之处，又有其独有的特征。理解虚拟仿真教学环境的内涵和特征是构建虚拟仿真教学环境的基础，本节分别从实现路径角度、应用场景角度和教学方式角度进行阐释。

1.1.1 从实现路径角度理解虚拟仿真教学环境

教学环境一词含义较广。广义上讲，在教学过程中，主体以外的一切人力与非人力因素都属于教学环境的范畴。教学环境是一个由多种不同要素构成的复杂系统，包括物理要素和心理要素。物理要素主要是教学场所内部的物质、时间、空间等，教学设施是物理要素中的核心部分。物理要素构成了物理环境，美国学者奥托·戴克（H. Otto Dahlke）认为：“教学活动是在一定的物理环境中进行的，这个环境在一些非常重要的方面限制和规定着学生学习和发展的可能性。物理环境这个舞台一旦搭起来，在这个舞台上将要进行的演出活动就已经被部分地决定了。”心理要素是指班风、课堂气氛、师生关系等，心理要素构成了人文环境，是确保物理要素能够发挥教育价值的关键所在。

在信息技术应用于教育教学之前，物理要素构成的物理教学环境往往是静态和固定的，在信息技术诞生后，随之产生了信息化教学环境。信息化教学环境突破了传统教学场地（校园和教室）的限制，使得任何人（anyone）于任意时间（anytime）和任意地点（anywhere），采取任意方式（anyway）和任意步调（anypace）的“5A 学习模式”成为可能。信息化教学环境是一个庞大复杂的系统，一般来说，信息化教学环境由基础设施、应用平台、教学资源、支持服务 4 部分组成。其中，基础设施（多媒体教室、电子阅览室、语音室等）是信息化教学环境赖以存在的物理支撑；应用平台（网络教学平台、在线交流系统、网上评教系统等）是为信息化教学环境提供服务的软件系统；教学资源（精品课程、开放课程、多媒体课件、教学素材库等）是信息化教学环境的核心组成部分；支持服务（资源标准、管理制度、服务团队等）是信息化教学环境正常运行的有力保障。

我们用一个普遍适用且通俗简明的比喻来理解信息化教学环境组成要素的作用及各要素之间的关系，那就是“路”“车”“货”“人”。其中，“路”指的是信息化教学环境中的基础设施，如计算机、机房、网络等；"车"指各种平台、系统；"货"指为了促进教学而设计开发的各类数字化教学资源；"人"指的是教学活动过程中的人，包括教师、学生和其他参与教育管理、服务的教育工作者。有了路，车才能够行走，车行走的目的是为了货的流通，而货的最终价值体现的是服务于人。纵观我国的教育信息化发展历史，教育信息化的实现路径大致可以概括为铺路架桥通车，进而载货育人。在教育信息化 1.0 阶段（2001—2017 年），我们完成了"三通两平台"的建设与应用，即宽带网络校校通，优质资源班班通，网络学习空间人人通，教育资源公共服务平台和教育管理公共服务平台也具备了一定规模。教育信息化 2.0 阶段（2018 年至今），基本实现了"三全两高一大"建设与覆盖，即通过教学应用覆盖全体教师、学习应用覆盖全体适龄学生、数字校园建设覆盖全体学校，实现人技融合；通过信息化应用水平普遍提高和师生信息素养普遍提高，实现创新应用；最终建成一个"互联网 + 教育"大平台，重塑教育生态。可见，我国的教育信息化发展已经由重视"铺路、造车、载货"逐渐转变为重视以人为本的技术价值彰显。从这个角度看，"路""车""货""人"的教育信息化要素说，似乎能够很好地解释教育信息化的实现路径。

虚拟仿真技术是多种信息技术的综合，在发展过程中逐渐融合了计算机仿真、互联网、三维可视化、虚拟现实、增强现实、数字孪生等信息技术。虚拟仿真教学环境属于信息化教学环境，是依托上述多种技术构建的新型信息化教学环境，信息化教学环境的实现路径同样适用于虚拟仿真教学环境，上文中提到的信息化教学环境的组成要素和实现路径有助于我们理解虚拟仿真教学环境的内涵。简单来说，虚拟仿真教学环境同样可以分为物理环境和人文环境。其中，物理环境包含虚拟仿真教学资源、虚拟仿真教学装备、虚拟仿真教学管理平台，以及虚拟仿真教学环境基础条件，物理环境是虚拟仿真教学的底层支撑。人文环境则主要包括保障机制，管理制度，学生、教师和管理人员的专业能力、人际关系等。基于实现路径来理解虚拟仿真教学环境的内涵有利于实际工作的开展，对于虚拟仿真教学环境的设计与建设人员来说是十分便利的。教育部出台的关于推进虚拟仿真教学的相关政策文件基本采用了这种思路，如教育部高等教育司在 2013 年发布的《关于开展国家级虚拟仿真实验教学中心建设工作的通知》（教高司函〔2013〕94 号）中提出的高等院校虚拟仿真实验教学中心建设内容就包含虚拟仿真实验教学资源、虚拟仿真实验教学的管理和共享平台、虚拟仿真实验教学和管理队伍，以及虚拟仿真实验教学中心的管理体系。2021 年，教育部科技发展中心（现已合并组建为教育部高等学校科学研究发展中心）制定的《职业教育示范性虚拟仿真实训基地建设指南》，将虚拟仿真实训基地的建设分为虚拟仿真实训环境建设（包括虚拟仿真实训教学场所、虚拟仿真实训设施设备、虚拟仿真实训教学管理及资源共享平台）、虚拟仿真实训资源建设、虚拟仿真实训基地项目团队建设、虚拟仿真实训基地组织管理 4 个部分。

1.1.2 从应用场景角度理解虚拟仿真教学环境

按应用场景的不同，教学环境可以分为教室环境、实验室环境、校园环境和社会环境。随着信息技术的快速发展，人们通过 Web 技术和其他计算机通信技术构建了虚拟化的教学环境，教学环境的数字化和虚拟化已经成为未来教学环境的发展趋势。任何传统的教学环境都有与其相对应的虚拟教学环境（图 1-1）。不同类型虚拟教学环境要实现的功能、设计要求和包含的要素有所不同。

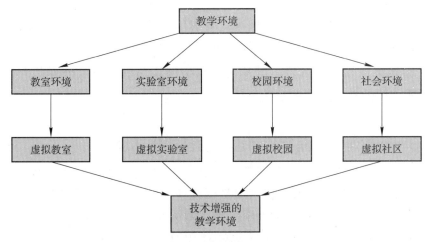

图 1-1 教学环境及对应的虚拟教学环境

虚拟教室是一种基于 Web 技术和虚拟仿真技术构建的开放式、网络化的虚拟教学系统，也称为网络直播课堂。虚拟教室通过 Web 技术给教师和学生提供实时授课功能，以知识传授和思维训练的课堂教学为主，教师可以通过文本、图像、笔迹、语音和视频等媒体形式给学生讲授理论知识，学生可以随时用文本、语音等方式提问，教学过程与传统的教室环境相似。虚拟教室中的基础设备主要有电子书包、交互式显示屏、手写笔、麦克风、摄像头、虚拟现实软件等。

虚拟实验室为学生提供了动手操作的机会，以达成技能训练和实践能力培养的目的。虚拟实验室由虚拟实验台、虚拟器材库和开放式实验室管理系统组成，为开设各种虚拟实验课程提供了全新的教学环境。虚拟实验台与真实实验台类似，可供学生自己动手配置、连接、调节和使用实验仪器设备。虚拟实验室支持学生感知、获取实验室环境信息和仪器设备信息，精确控制实验参数；可视化显示实验运行状况，进行实验模拟推演，支持实验设计优化；自动识别、记录、分析、诊断和提示学习者的实验操作。学生利用虚拟器材库中的器材可自由搭建任意合理的实验装置并开展相关实验，这一点是虚拟实验室有别于一般实验教学课件的重要特征。

虚拟校园通过 Web 技术和虚拟现实技术向学生展现校园环境，学校的门户网站向所有访客展现学校的信息，包括院系介绍、服务机构、专业设置、课程介绍、科学研究、社会服务、招生信息、就业信息等。学生可在虚拟的图书馆、报告厅、答疑室漫游，或者进入在线论坛进行实时互动。

虚拟社区是指主要借由计算机网络进行沟通，建立起人际关系网络。虚拟社区中的人，彼此间有某种程度的认识，分享某种程度的知识和信息，在很大程度上如同朋友般彼此关怀，从而形成一定的团体。虚拟社区包括网站的留言板、在线聊天室、虚拟世界和社会网络服务。

虚拟教室、虚拟实验室、虚拟校园、虚拟社区都是虚拟仿真教学环境。教室与虚拟教室、实验室与虚拟实验室、校园环境与虚拟校园、社会环境与虚拟社区通过无边界的虚拟世界交叉融合，虚拟仿真教学环境与现实教学环境共同构成未来教育发展所需要的技术增强的教学环境。

1.1.3 从教学方式角度理解虚拟仿真教学环境

有关智慧教育环境的研究指出，智慧教育环境应与具体的教学方式和学习方式相关联，智慧教育环境中教育活动开展的主体为智慧教育共同体，即教学者、学习者和教育管理者，构建智慧教育环境应以教育共同体的特点和需求为中心，考虑学习者的学习方式和教师（设计者）的教学方式，教育共同体的主体性发挥对智慧学习的效果有决定性作用。从教学方式（学习方式）实现角度来理解虚拟仿真技术构建的智慧教学环境，对把握虚拟仿真教学环境与其他传统教学环境的差异具有指导意义。赵沁平院士指出，教师在传统课堂教学时，都会考虑学生对学习内容的感受和体验，但限于传统教学环境和条件，只能通过语言表达、互动问答和实物展示等方法进行课堂教学。虚拟仿真教学环境可以真正成就翻转课堂，使得教学过程以学习者为中心，学习者可以发挥主体作用，充分体验教学内容，并与之进行交互。学习者还可以围绕教师提出的某个问题，分小组协作探究，得出开放性的答案。整个课堂是"活"的，而不是事先预定好的"规程"。具体地，虚拟仿真教学环境可支持的教学方式（学习方式）主要有以下4 种。

（1）自主学习 自主学习是学生在学习环境中进行主动探索、主动发现，并达成学习目标的过程。自主学习的"自主性"体现在 3 个方面，首先是学习动机的自主性，即要通过构建良好的学习情境激发学生投入学习的动机，这种动机来源于学生个人的知识背景和求知取向；其次是学习过程的自主性，即有丰富的学习资源可供选择，学生可以自主地选择学习的内容，能任意选择学习的时间、地点等；最后是学习评价的自主性，即要为学习者提供及时有效的指导和评价，使学生能够随时了解自己学习目标的达成度，能够对自己的学习过程、学习状态、学习行为进行自我审视和自我调节。有效的虚拟仿真教学环境能够帮助学生实现学习动机的自主性、学习过程的自主性和学习评价的自主性，如利用虚拟仿真技术创设生动的学习情境，在虚拟环境中提供个性化交互任务与游戏活动设计，借助游戏化的角色、模式以及元素，能够为学习者提供丰富、有趣的学习内容，营造出沉浸式学习体验，满足多维交互体验的需求，实现多种激发学生学习能动性的设计。与一般的网络课程（如慕课等）相比，学生在虚拟仿真教学环境中不仅能自主选择学习内容、学习时间和学习地点，不同层次学生还可以自主选择合适的学习方法和学习步骤，帮助学生进行不同难度梯度的学习和训练。

（2）探究学习　探究学习强调问题性，问题是学习活动发生的动力和起点，探究学习的过程就是发现问题、提出问题、分析问题和解决问题的过程。探究学习中的问题一定要是真问题，要基于某种真实的探究情境。探究过程强调实践性，即要让学生通过亲历探究过程来达成学习。在探究学习中，学生不能只是坐而论道，要通过实践活动，亲身经历探究过程，体验感受多样性、丰富性的学习过程。探究学习不仅要求学生理解和掌握正确的结论，更重视学生在学习过程中一系列的质疑、判断、比较、选择以及相应的分析、综合、概括等认识活动。探究学习强调开放性，即要给学生创造一个宽松、和谐、民主的氛围，给学生一种心理安全感，同时学习过程中运用的方法，甚至得出的结论都要具有一定的开放性。以虚拟仿真实验为例，虚拟仿真实验打破了传统实验严格按照固定实验步骤完成的限制，学生可以通过自己的不断尝试，在"试误 – 反馈 – 纠正 – 反思"过程中深入理解实验原理，探究实验方法。"为什么要这样设计实验，不这样做会产生什么后果"，学生在虚拟实验环境下可以亲眼见证、尝试并解答这些问题。虚拟仿真实验是一种帮助学生探索和掌握科学规律的探究工具，基于虚拟仿真教学环境的探究式学习是具有代表性的探究学习达成方式。

（3）混合式学习　混合式学习的表面特征是传统课堂学习方式和网络学习方式的结合，实际上混合式学习不仅仅是一种简单的技术性改良，而是在适当的时间，通过应用适当的学习技术与适当的学习风格相契合，对学习者传递知识和能力，从而取得最优化学习效果的学习方式。混合式学习包括线上与线下相结合、现实和虚拟相结合、正式学习与非正式学习相结合、课内教学与课外实践相结合、知识教学与能力培养和素养发展相结合等形式。翻转课堂是混合式学习的典型组织方式，即将原有的在课堂教授的知识通过现代化的信息技术在课前提供给学生，将学习的决定权从教师转移给学生，而利用课堂时间进行知识内化及能力训练。翻转课堂的实质在于为学生创设自主学习的环境，增加学生和教师之间的互动和个性化沟通途径。虚拟仿真教学环境为混合式教学提供了有效的支持，如教师在课堂教学中可以利用虚拟仿真教学资源、工具进行授课、交流、展示。学生在课前课后可以借助虚拟仿真教学管理平台进行自主学习。

（4）移动学习或泛在学习　学习者通过轻便的手持通信设备，如平板电脑、手机、学习机等，随时随地开展学习，设备通过无线通信技术可以与网络相连，拓宽了学习者交流和获取资源的渠道，进一步将一些小型设备，如传感器、频射识别（radio frequency identification，RFID）标签、微型压力器等，嵌入学习环境中，学习者就可以自然地感知学习情境并自动地进行交互。在融合虚拟仿真的移动学习系统中，学习者基于头戴式 AR/VR 交互系统开展移动学习，学习者在虚拟或虚实融合的场景中可以不受时间、地点和范围的限制进行基于手势、语音、眼动等身体参与的多模态互动。

1.1.4　虚拟仿真教学环境的特征

虚拟仿真教学环境属于信息化教学环境，符合信息化教学环境的一般规律。相比于电视教学、在线课程等传统的信息化教学环境，虚拟仿真教学环境又有其显著的特征。

首先，虚拟仿真技术的沉浸性、交互性、构想性等特点决定了虚拟仿真教学环境具备更强的沉浸感和交互性，能够为学习者提供实现"想象与创造"的广阔空间。美国视听教育家埃德加·戴尔（Edgar Dale）的"经验之塔"指出，多种教学媒体的综合运用可以使学习更为具体，使学习从生动、直观向抽象思维方向发展，从而使学生更好地理解真实事物的抽象表现形式，更加有效地参与到抽象的教学活动中来。在过去的十多年，学习内容从单一的文本形式发展为包含了视频、图像、音频、文本和动画的富媒体形式，并可以自然地嵌入学习过程中。然而，富媒体只能为学习者提供视觉或听觉的刺激，虚拟仿真技术则可以模拟三维世界，支持创建模拟环境，借助特殊的输入/输出设备，可为用户提供视觉、听觉、触觉等感官模拟，用户以更加便捷、自然的方式与虚拟环境中的虚拟对象进行交互，虚拟环境可根据用户的操作等交互行为，通过数值计算、逻辑推理和迭代等计算过程，推断虚拟对象的变化结果，做出及时的反馈。体验性强、交互性强是虚拟仿真教学环境的首要特征。2020 年以来，随着元宇宙概念的兴起，虚拟教学环境对学生创造力的支持更加显著，在元宇宙中，用户是自由全能的，可以自由地想象，并用海量的资源和技术工具，将自己的想象清晰化和具体化，变成具体有形的产品。

其次，虚拟仿真教学环境的教学目的性更加突出。与传统的信息化教学环境相比，基于虚拟仿真技术的教学环境，在设计与建设时更应强调教学对象、教学内容、教学目的和教学过程的差异性。我们可以通过一个简单的例子来理解这个观点，疫情期间，大中小学生都经历了居家学习，从学习环境来讲，大学生和小学生除了学习内容不同外，其他要素基本没有大的差别。但是虚拟仿真教学环境则不同，不同的教学对象、教学内容、教学过程需要通过不同的交互设备来承载，这样的环境构建具有非常明确的教学目的性。如虚拟仿真教学环境中涉及的专用肢体交互设备都有各自独特的应用场景（机动车驾驶、飞行器驾驶、医疗器械操作、农用机械装置操作等）。虚拟仿真教学环境下的技术工具与教学活动相互调适、相辅相成、相互贡献，最终成为一个整体。在技术工具的选择上应以教学需求为准，在教学目标的指导下，根据不同学科、不同内容的不同特点，以不同年龄阶段学生的心理特征为标准，选择不同类型的技术工具。

第三，虚拟仿真教学环境的设计与实现需要数据采集、分析建模、绘制呈现、传感交互等各种技术的综合运用，这些技术涉及硬件装置（如数据采集、头戴显示、裸眼 3D、定位跟踪、体感交互设备等）、芯片器件（如图形处理器、物理运算处理器、专用芯片、传感器等）、软件平台（如图形引擎、物理引擎、建模、视频图像处理等），比一般的信息化教学环境复杂得多，当然虚拟仿真教学环境的建设成本也要高得多。

上述特征决定了虚拟仿真教学环境的设计与实现需要由技术开发人员和教师密切合作、充分沟通、共同完成。

1.2　虚拟仿真教学环境的组成

现阶段，虚拟仿真教学环境的设计和建设还处于初步探索期，没有既定的方案，这导致许多学校在设计和建设虚拟仿真教学环境时无章可循，单纯追求易见成效的硬件终端建设，而忽视了以教学应用为导向的资源设计和开发。为了解决这一现实问题，本书将对虚拟仿真教学环境（这里所指的是物理教学环境）组成要素、建设目标和原则进行详细介绍。

首先明确虚拟仿真教学环境的 4 项组成要素，分别是虚拟仿真教学资源、虚拟仿真教学装备、虚拟仿真教学管理平台、虚拟仿真教学环境基础条件。其中，虚拟仿真教学资源是核心；虚拟仿真教学装备是载体；虚拟仿真教学环境基础条件是保障；虚拟仿真教学管理平台是桥梁，是实现资源、装备、基础条件乃至人员等有效联结和管理的手段。4项要素相互关联，缺一不可。

虚拟仿真教学环境构建是对各组成要素进行协同设计的过程：首先，应以满足教学需求为导向，根据教学目标，明确虚拟仿真教学资源类型和具体内容；其次，匹配虚拟仿真教学装备，完善相应的基础条件；然后，建设虚拟仿真教学管理平台，实现对上述组成要素的有效

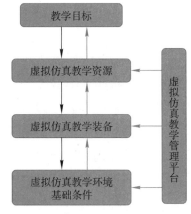

图1-2 虚拟仿真教学环境各组成
要素的逻辑关系图

管理；最后，确保各组成要素彼此协调匹配，共同支持师生开展虚拟仿真教学活动，达成教学目标。虚拟仿真教学环境中各组成要素的逻辑关系如图1-2所示。

1.2.1 虚拟仿真教学资源

虚拟仿真教学资源是以数字化形式建立的虚拟世界，包括物理、化学、生物和社会模型。虚拟仿真教学资源面向不同类型的教育、不同学段和不同专业，为用户提供各种虚拟仿真环境，包括虚拟场景的周边环境、仿真对象、仿真操作和仿真现象。当用户通过人机界面与虚拟世界交互时，虚拟仿真教学资源根据确定的程序逻辑做出响应。为了使用户能看到虚拟世界，虚拟仿真教学资源需要建立三维模型，并确定其光学特性；为了使用户能听到虚拟世界，虚拟仿真资源需要建立三维的声学模型。虚拟仿真教学资源通常要建立数字化的物理模型、数学模型和各种数值算法。按照教学目标、教学任务和具体的学习方式，可以将虚拟仿真教学资源分为沉浸体验类、认知强化类、技能训练类、自主设计类、多人参与类等不同类型（详见本书第3章）。在实际应用中，这些不同资源类型间并不是互相排斥的，而是可以在同一个教学场景下结合使用。

1.2.2 虚拟仿真教学装备

为虚拟仿真教学提供支持的终端装备和云端装备统称为虚拟仿真教学装备。虚拟仿真教学终端装备主要实现人与虚拟世界的交互，能够有效支持虚拟仿真教学资源的获取、处理和呈现，包括视觉显示设备、声音设备、通用肢体交互设备、专用肢体交互设备、其他感知设备和建模设备等。

（1）视觉显示设备　视觉显示设备将计算机生成的虚拟世界图像展现给用户，常见的视觉显示设备有头盔式图形显示器（头显）、双目全方位显示器、3D 眼镜、洞穴式虚拟现实系统（CAVE 系统）、响应工作台立体显示系统、裸眼立体显示系统、墙式立体显示系统、全息投影显示系统、近眼显示设备等。

（2）声音设备　常见的声音设备有 3D 音响、立体声耳机、全向麦克风等。

（3）通用肢体交互设备　常见的通用肢体交互设备有数据手套、力矩球、手柄、三维鼠标、位置跟踪系统和动作捕捉系统等。其中，数据手套是虚拟仿真教学中常用的交互工具，是一种多模式的虚拟仿真硬件，可实现虚拟场景中物体的抓取、移动、旋转等动作，现有产品已经能够检测手指的弯曲，并利用磁定位传感器来精确地定位出手在三维空间中的位置；手柄是虚拟仿真教学中另一重要的交互设备，用于六个自由度的空间移动和旋转交互，可从不同的角度和方位对三维物体进行观察、浏览、操纵，操作灵活方便、精度高、真实感强，相对于其他设备来说价格低廉；位置跟踪系统是一类非常重要的传感器设备，现有的三维定位跟踪设备用到的技术有磁跟踪技术、声学跟踪技术、光学跟踪技术、机械跟踪技术和惯性位置跟踪技术等。

（4）专用肢体交互设备　专用肢体交互设备适用于各个独特的虚拟仿真教学场景，如机动车驾驶、飞行器驾驶、医疗器械操作、农用机械装置操作等。

（5）其他感知设备　包括嗅觉设备、味觉设备、温湿度传感器、风雨发生器等。

（6）建模设备　包括 3D 扫描仪、3D 摄像机等。

虚拟仿真教学云端装备包括云渲染引擎、人工智能引擎、科学计算引擎、数据库、区块链等各种云端系统。

在同一个虚拟仿真教学环境中，需要综合考虑环境建设目的、承载的虚拟仿真教学资源类型、空间设计等因素，合理选用各类不同的终端装备和云端装备。关于各类虚拟仿真教学装备的特点和适用场景详见本书第 4 章。

1.2.3　虚拟仿真教学管理平台

虚拟仿真教学管理平台是基于互联网的多用户信息管理系统，其主要功能是实现不同用户间虚拟仿真教学资源的分发、控制与云化服务，主要包括：①虚拟仿真教学资源发布的门户网站及网站管理后台；②各类虚拟仿真教学资源和其他数字化资源的组织和管理，方便资源共享；③为用户提供在线交流服务；④为决策层提供数据统计和可视化信息。虚拟仿真教学管理平台可以集成云渲染技术，有针对性地提升资源的加载速度，保持模型的高精度效果，在进一步释放终端压力的同时保证用户的流畅体验与交互。平台通常要具备开放性、集成性、模块化、规范性、安全性和可维护性等特点。关于虚拟仿真教学管理平台的论述详见本书第 5 章。

1.2.4 虚拟仿真教学环境基础条件

虚拟仿真教学环境基础条件是除上述 3 项要素外，虚拟仿真教学环境中应当具备的、为教学活动提供支持的各种软硬件的总和，包括电力要求、网络条件、服务器条件、信息安全要求、环保要求等。此外，已有的研究表明，教学环境中的空间布局对学生的认知、情感、行为等均能产生较显著的影响，因此，还要对虚拟仿真教学环境中的各种设施设备进行空间布局，为学习者提供科学、规范和人性化的空间设计，如根据教学活动的需要能够方便实施桌椅的组合，形成学习小组，以利于小组学习活动的开展等。关于虚拟仿真教学环境基础条件的论述详见本书第 6 章。

第 2 章

虚拟仿真教学环境构建宗旨

2.1　虚拟仿真教学环境构建依据

虽然学习理论并没有对有效的教学环境设计提供一个简单的处方，但学习理论的发展对教学环境设计过程中应考虑的重要问题（如教什么、怎么教、怎样评价等）具有指导作用。现代学习理论的根本原则是不同的学习目标需要不同的教学方法，而教学环境需要适应教学目标、教学方法和评价方式的改变。教学环境的设计者（即技术开发人员、教师、管理人员等）都必须考虑的一个问题是需要营造什么样的教学环境才能最有效地促进教学目标的实现。有效的教学环境是能感知学习情境、识别学习者特征、提供教学资源和装备条件、自动记录学习过程，以及评测学习成果、促进有效学习的学习场所或活动空间。理想情况下，一旦创造了与教学目标和学习任务相一致的、适当的教学环境，并把学生带入其中，让他们与环境互动，学习就会自然发生。

2.1.1　虚拟仿真教学环境构建理论

工业革命使教育从"贵族特权"变为"大众产品"，但大众教育也常因把学生的学习作为类似于工厂批量产品的生产而被诟病：学校的管理者们渴望用工厂的组织形式来组织课堂，学生被当作"原材料"，由技术工人们（教师）进行有效的处理，以生产出最后的"产品"。这种教育目标试图对"原材料"（学生）进行分类，把他们当作流水线上的"产品"一样对待，教师的工作就像工人，执行监工（学校管理者和研究人员）的命令。这种工厂模式对学校课程、教学和评价都产生了深远的影响，与工厂模式相伴而生的教学环境就是教室和课堂，最典型的教学场景就是教师在教室里讲教材，所有学生按照一致的步调学习，完成同样的学习任务。

自20世纪50年代以来，人类发展、学习科学、认知科学、教育技术学等领域的学者们先后提出多种新的学习理论，包括认知主义学习理论、建构主义学习理论、情境主义学习理论等。在这些新的学习理论指导下，人们对学习产生了很多新的认识，这些认识对教学环境设计具有非常重要的意义，也形成了很多共识。

（1）学习者是运用现有的知识来建构新知识的　学习者已有的知识和心理结构将显著影响他们对新信息的解释。有时候学习者现有的知识支持新的学习，有时候现有的知识却阻碍新知识的获得。有效教学的起点是学习者现有的知识，有效的教学环境设计应该高度重视学习者本身所具有的特征，也就是要坚持"以学习者为中心"。遗憾的是，现在多数的课堂教学环境并没有以学生为中心，课堂教学几乎由教师主导，课堂教学中的要素基本上都由教师设计和安排，学生更多地充当了配合者和服从者的角色。信息革命爆发以来，依托各种新的信息技术构建新教学环境的试验如火如荼，如技术的增强与辅助使得以学生为中心的教学方案变得可能且可行；在线学习支持学习者自己设定目标，规划自己的学习，让学生可以随时随地以各种途径和进度完成学习。将面授与在线相结合的混合式教学，有助于教师在宝贵的课堂时间里更关注如何引导学生进行广泛而深入的互动，促进合作学习，而不是上演独角戏。

（2）知识是在情境中建构的　知识的学习、掌握和应用都离不开实际情境，实践发生的情境对学习效果有重大影响，只有当学习镶嵌在该知识的运用情境中时，才可能发生有意义的学习，正如美国哲学家和教育学家约翰·杜威（John Dewey）提出的"做中学"理念，就是强调学习不能脱离生活、脱离实践。教学应该提供真实或拟真的情境与活动，反映知识在真实世界里的应用方式，为学生深入理解知识创造条件。这里的真实包括真实的物理场景（工厂、社区、企业、车间等）、真实的社会关系（同伴、教师、顾客、上司、下属等）、真实的学习内容（实际生产生活中存在的问题）、真实的过程和真实的结果，创设教学环境要尽可能地考虑以上 5 方面的真实性，做到符合科学规律和社会规律。由于许多新技术都具有交互性，学生在这种环境中能够通过实践来学习并获得反馈，不断改进他们对知识的理解和建构新知识。借助网络、超文本、虚拟现实等信息技术创建的真实环境的"虚拟"代替品，如影像或多媒体程序，可以为学习者创建社会化的、真实的学习环境，能够提供丰富的感知线索以及多通道（如视觉、听觉、触觉、嗅觉等）的反馈，使学习者置身于解决真实问题的情境中，并帮助学习者把在虚拟情境中所学的知识迁移和应用到真实生活中。

（3）学习是社会性的　学习是在学习者与其他参与者所形成的学习共同体的社会性互动中完成的。学习者通过参与共同体中的会话与协商，实现自我学习与发展，最常见的学习共同体是班级和学校，广义上还包括家庭、社区、校外活动项目、商业机构等。教学环境设计应符合某一学习共同体的文化背景或社会规范，如果不对学习共同体的特征加以考虑，教学环境就无法满足与这个群体相匹配的教学目标和教学方式。

此外，有效的教学环境设计还包括评价。评价的关键是提供反馈和回溯的机会，评价的内容应与学生的学习目标一致。评价方式有：形成性评价，通常是在课堂教学情景中作为改进教与学的反馈信息来源；结果性评价，主要测量学生在学习活动结束时已经学到了什么。基于信息技术的教学平台在评价方式上也与传统教学不同，其特点是能够自动生成客观评价，这种自主式的评价不是教师及专家给出的，而是通过网络平台对学生学习过程进行数据采集与分析产出的评价，实现对学生学习情况的辨识。基于大数据的量化评价能够减少教师评价的主观性偏差，为学生提供更多元、更全面和更精准的评价。这种评价考核更突出过程性，具有对学生能力结构考核的功能。这种自动客观的评价不仅有利于学生自我判断，还能够作为教师提供个性化、多层次教学指导的依据。

在传统的工厂模式教育中，创设真实情境，大规模实施以学习者为中心的教学，建立学习共同体，开展教学评价等是具有挑战性的，而合理应用信息技术的教学环境有利于上述原则的达成。在构建虚拟仿真教学环境时，要注重反思这些学习原则的达成情况，以虚拟仿真教学资源设计为例，逼真度是一项十分重要的要求，虚拟仿真教学资源要尽可能地做到逼真、有效，符合科学规律和社会规律，这是因为学习行为能否发生与情境的逼真度密切相关，逼真度是学生在虚拟仿真教学环境中最直观的感受，是激发学生探究兴趣的关键。如何提升虚拟仿真教学资源设计与开发的质量，避免因虚拟世界与真实世界之间的参数表征差异性，导致学习者对客观知识的记忆性错误、操作经验结果分析的错误等认知偏差，是虚拟仿真教学环境建设中亟需解决的问题。

在构建信息化教学环境时，还需要注意的是，技术并不能保证学习的有效性，只有适当地使用技术，技术才能提升学生学习的有效性。在教学目标上，要突出信息化教学的育人目的，而不能盲目抬高信息技术的作用，以信息技术喧宾夺主。虚拟仿真教学环境高度的沉浸感会带来高度专注的学习体验，但为了创造这种沉浸式体验，往往需要采用声音、图像、文字，甚至力感等多元信息传送方式。多渠道的信息传递、丰富的刺激容易造成单位时间内的认知负荷超载，认知负荷超载会对学习效果产生消极影响。国外研究人员曾做过这样的实验：分别使用 2D 和 3D 虚拟技术构建复杂的生物概念模型，并在学习前后分别测试两组学生对概念的理解，对比使用这两种模型与使用传统课堂教学的效果。研究发现，3D 模型的"第一人称"视角阻碍了学生对此模型的迁移应用，对概念理解没有促进作用；而 2D 模型的使用则明显提升了学习效果。研究人员推测，三维环境中更丰富的视觉元素分散了学生对关键内容的注意力，导致认知负荷超载，影响学习效果。沉浸式虚拟仿真教学环境的构建应参考认知负荷理论，避免冗余效应、分散注意效应。

人们对学习本质的研究提示我们，在构建虚拟仿真教学环境时，要经常回顾这些问题：虚拟仿真教学环境是不是坚持"以学生为中心"；是不是能够支持学生以更加自然的方式参与到人机交互、师生交互、生生交互，乃至更大范围的社交中；是不是能够提供准确、可追溯的评价记录和反馈，支持学生自主学习；是不是有足够真实和可信的场景、过程和参数供学生进行操作与实践；是不是能够为学生将在虚拟环境下掌握的知识和能力迁移到现实中服务，等等。

2.1.2 虚拟仿真教学环境构建政策导向

在政策方面，与虚拟仿真教学环境相关的文件可以追溯到2013年教育部高等教育司印发的《关于开展国家级虚拟仿真实验教学中心建设工作的通知》（教高司函〔2013〕94号，以下简称《通知》），该《通知》中提到的"虚拟仿真实验教学中心"，是早期较为典型的虚拟仿真教学环境。按照该《通知》的要求，虚拟仿真实验教学中心建设内容包含4个方面内容，分别是：虚拟仿真实验教学资源，包括高水平软件共享虚拟实验、仪器共享虚拟实验和远程控制虚拟实验等，是虚拟仿真实验教学中心建设的核心；虚拟仿真实验教学管理和共享平台，应具有扩展性、兼容性、前瞻性，可高效管理实验教学资源，实现校内外、本地区及更广范围内的实验教学资源共享；虚拟仿真实验教学和管理队伍，指具有先进教育理念、高学术水平、强教学科研能力、丰富实践经验、勇于创新且结构合理的核心骨干人员；虚拟仿真实验教学中心管理体系，指教师工作绩效考核、经费使用管理、实验教学中心维护与可持续发展等政策措施，以及有利于激励学生学习和提高学生创新能力的教学效果考核、评价和反馈机制。在建设内容中，既包括虚拟仿真实验教学资源、虚拟仿真实验教学管理和共享平台等物理要素，也包括虚拟仿真实验教学和管理队伍、虚拟仿真实验教学中心管理体系等非物理要素。

2017年，教育部办公厅在《关于2017—2020年开展示范性虚拟仿真实验教学项目建设的通知》（教高厅〔2017〕4号）中，正式提出虚拟仿真实验教学项目建设的相关规划，即到2020年认定1 000项左右的示范性虚拟仿真实验教学项目，涵盖理、工、农、医、文学、体育、艺术等60个学科类别。受疫情等因素影响，实际认定项目的数量和进度与规划有一定差别。截至2022年12月，教育部共认定国家级虚拟仿真实验教学项目728个。在此项工作中，教育行政部门强调虚拟仿真实验教学项目的建设要在8个方面（以学生为中心的实验教学理念、准确适宜的实验教学内容、创新多样的教学方式方法、先进可靠的实验研发技术、稳定安全的开放运行模式、敬业专业的实验教学队伍、持续改进的实验评价体系和显著示范的实验教学效果）同时发力，这表明开展虚拟仿真实验教学是一项综合性工程，除了虚拟仿真实验教学资源建设外，离不开师资、制度和机制等多方面的保障，要通过统筹考虑、长期规划、多方协调来确保虚拟仿真实验教学的可持续发展。2021年，教育部高等教育司在虚拟仿真实验教学项目建设取得阶段性成果的基础上，进一步提出了虚拟仿真实验教学要朝着"体系化、标准化、装备化"

方向发展的新理念，这一理念得到了虚拟仿真实验教学领域专家、高校和技术企业的高度认可。虚拟仿真实验教学环境"装备化"就是要探索构建虚拟空间与物理空间相融合的新型实验环境，即通过合理的空间设计，将虚拟仿真实验教学涉及的各要素，特别是软件资源与硬件终端进行有效组合，创设友好的"教"与"学"环境。硬件设备的选择要与虚拟仿真实验教学资源相匹配，适应教学要求，有利于教学目标的实现。

2022 年，虚拟仿真实验教学创新联盟技术工作委员会联合若干虚拟仿真实验室建设试点负责人以及相关企业负责人，依托"虚拟仿真实验室建设试点及装备化标准研究"规划类课题，以虚拟仿真实验室建设作为虚拟仿真实验教学"装备化"的切入点，共同开展研究，进一步组织制定《高校虚拟仿真实验室建设指南》（以下简称《指南》），明确虚拟仿真实验室的建设与验收要求。按照该《指南》的要求，虚拟仿真实验室的建设包含虚拟仿真实验室基础环境、虚拟仿真实验教学装备与系统、虚拟仿真资源和实验、虚拟仿真实验教学管理与服务、虚拟仿真实验室组织保障 5 部分。

该《指南》提出，虚拟仿真实验室应坚持整体规划特色发展，各院校应坚持"立德树人"的总目标，综合分析院校实验教学优势和发展愿景，突出学科、专业、团队等方面优势，制定虚拟仿真实验室建设方案，形成建设特色和亮点；应坚持教学导向、虚实结合，紧密围绕教育教学目标，制定虚拟仿真实验教学计划，确定虚拟仿真实验教学内容，研发虚拟仿真实验教学资源，配备虚拟仿真实验教学装备，开展基于实验室的虚拟仿真教学；应坚持规范管理共建共享，遵循虚拟仿真实验室相关建设标准和建设规范，注重各实验室、各装备、各系统之间的有机集成和数据互通，强调实验室的线上、线下、线上线下混合应用能力，以及对外共享服务能力，不断提高实验室的建设质量和应用水平；应坚持积极探索创新应用，虚拟仿真实验室建设必须主动适应新工科、新医科、新农科、新文科建设要求，实现基于实验室的虚拟仿真实验教学模式创新，保障虚拟仿真实验教学的可持续高质量发展。从上述要求可以看出，与之前的虚拟仿真实验教学中心和虚拟仿真实验教学项目相比，虚拟仿真实验室更加注重整体规划和软硬结合的环境建设。截至本书出版时，该《指南》还在征求意见阶段，尚未向高校和社会正式发布。

职业教育示范性虚拟仿真实训基地建设工作于 2020 年 9 月启动。教育部在《关于开展职业教育示范性虚拟仿真实训基地建设的通知》（教职成司函〔2020〕26 号）里提出，职业院校要建设符合要求并满足需求的虚拟仿真实训教学场所，搭建虚拟仿真实训系统，配置虚拟仿真实训设备，利用教学管理和分享系统对虚拟仿真实训基地进行整体管理及资源调配共享。为指导职业教育示范性虚拟仿真实训基地培育项目单位高效率、高质量开展建设工作，切实推进虚拟现实技术与职业教育教学的深度融合，赋能职业教育高质量发展，教育部科技发展中心（现已合并组建为教育部高等学校科学研究发展中心）受教育部职业教育与成人教育司委托，研究制定了《职业教育示范性虚拟仿真实训基地建设指南》（以下简称《指南》）。该《指南》明确，职业院校要根据先进行业企业岗位职责和技能对职业院校人才培养提出的新要求，结合教育部印发的《职业教育专业目录》《高等职业学校专业教学标准》《中等职业学校专业教学标准》和人社部颁布的《国家职业技能标准》，厘清实训教学过程中的"三高三难"问题，有针对性地开发虚拟仿真实训资源，并随着产业转型升级持续更新升级，切实遵循"以实带虚、以虚助实、虚实结合"原则，避免"为虚而虚"。同时，发挥不同类型及交互方式的虚拟仿真实训资源的优势，按照"三教改革"要求，对传统实训教学模式进行创新再造，实现实训教学的生动性、趣味性、互动性和自主性；将"立德树人"和"三全育人"要求、"课程思政"和"思政课程"元素有机地融入其中。

《指南》将虚拟仿真实训环境作为示范性虚拟仿真实训基地的组成部分，提出虚拟仿真实训环境由虚拟仿真实训教学场所、虚拟仿真实训设施设备、虚拟仿真实训教学管理及资源共享平台组成。虚拟仿真实训教学场所包括专业虚拟仿真实训中心、公共虚拟仿真实训中心、虚拟仿真体验中心和虚拟仿真研创中心等。虚拟仿真实训设施设备应达到行业企业前沿技术和新业态所要求的先进水平，并伴随行业企业发展持续更新升级；虚拟仿真实训设施设备还应与实训教学模式及虚拟仿真实训资源的展现形式相匹配。虚拟仿真实训教学管理及资源共享平台用于对虚拟仿真实训教学场所、虚拟仿真实训设施设备和虚拟仿真实训资源进行跨专业、跨院校、跨地域的统筹管理，应具备虚拟仿真实训教学过程的监控分析、虚拟仿真实训资源汇聚分配等功能，并应尽可能满足平台互联要求，采用《指南》所推荐的关键技术。

无论是《高校虚拟仿真实验室建设指南》，还是《职业教育示范性虚拟仿真实训基地建设指南》，都要求虚拟仿真实验室/实训基地首先满足各级各类教育涉及的基本国家标准和行业规定，如高等教育领域的《普通高等学校本科专业类教学质量国家标准》《高等学校数字校园建设规范（试行）》；职业教育领域的《职业院校专业实训教学条件建设标准（职业学校专业仪器设备装备规范）》《职业院校数字校园规范》及具体专业的国家标准和行业标准规定。2021 年 3 月，教育部发布《高等学校数字校园建设规范（试行）》，在信息化教学环境和信息化育人环境要求中提出，学校应根据教学需要，分析课堂教学、在线教学、混合式教学等需求，设计或改造信息技术支持的物理学习空间，也应加强建设基于网络的虚拟学习空间。除了基础的信息化教学环境外，还应探索信息技术和人工智能技术在人才培养全过程的应用，建设人技结合的新型育人环境，如智能教学楼、虚拟实验室、智能图书馆等各类智能化环境。

2021 年 9 月，教育部等六部门联合出台《关于推进教育新型基础设施建设 构建高质量教育支撑体系的指导意见》（教科信〔2021〕2 号），明确加强智慧校园新型基础设施建设，鼓励地方和学校提升通用教室多媒体教学装备水平，支持互动反馈、高清直播录播等教学方式。部署学科专用教室、教学实验室，依托感知交互、仿真实验等装备，打造生动直观形象的新课堂。有条件的地方普及符合技术标准和学习需要的个人学习终端，支撑网络条件下个性化的教与学。虚拟仿真教学环境建设可以纳入教育新基建的整体规划中统筹考虑。

2.2 虚拟仿真教学环境构建目标和愿景

2022 年 11 月，工业和信息化部、教育部、文化和旅游部、国家广播电视总局、国家体育总局 5 部门联合发布了《虚拟现实与行业应用融合发展行动计划（2022—2026 年）》（工信部联电子〔2022〕148 号），明确提出五大任务，其中就包括加速虚拟现实在教育培训等多行业多场景的应用落地，深化虚拟现实与行业有机融合。同时，还提出要支持高等院校加强相关学科专业建设，鼓励产学研合作，培育复合型人才；优化企业家成长环境，造就高水平领军人才队伍。由此可见，国家对虚拟仿真技术应用的愿景不仅仅是在教育领域本身，同时还涉及相关产业的布局和发展。本节从教育领域出发，在国家层面和学校层面分别描绘了虚拟仿真教学环境构建的目标和愿景。

2.2.1 国家层面

教育数字化转型是当前教育改革与实践中的热点，也是未来教育创新变革的发展趋势。数字技术正在推动全球新一轮科技革命和产业革命加速前进，不仅为社会和经济的发展创造了条件，也在改变着国家的比较优势和竞争优势。教育是重建数字化时代世界格局的关键力量，教育数字化已经成为世界各国教育发展的关注点，加速传统教育的转型。党的十九届五中全会通过的《中共中央关于制定国民经济和社会发展第十四个五年规划和二〇三五年远景目标的建议》，明确了"建设高质量教育体系"的政策导向和重点要求。我国教育已转入高质量发展阶段，切实推进教育内涵式发展，构建高质量的教育体系已经成为教育改革的风向标。

进入高质量发展阶段，通过教育数字化转型重构传统教育结构与形式，形成更加开放、优质和公平的教育格局，全面推进教育教学改革成为未来教育的新趋势。高质量教育体系构建依赖于教育数字化转型，教育数字化转型通过技术赋能教育发展，更加注重数字技术在传统教育变革中的作用。例如，5G 移动通信技术具有高时速、低时延的特点，对于信息知识传播会产生革命性的影响；XR 扩展现实技术将虚拟世界和现实世界以多种组合方式进行融汇，将衍生出全新场域与价值空间。

在此背景下，开展教育数字化战略行动成为教育领域的重点任务，虚拟仿真教学则是落实教育数字化战略的重要抓手之一。在高等教育领域，建设示范性虚拟仿真实验教学项目的目标是主动适应经济社会快速发展对人才培养的新要求、现代大学生成长的新特点、信息化时代教育教学的新规律，以提高学生实践能力和创新精神为核心，以现代信息技术为依托，以相关专业类急需的实验教学信息化内容为指向，推动高校积极探索线上线下教学相结合的个性化、智能化、泛在化实验教学新模式，形成专业布局合理、教学效果优良、开放共享有效的高等教育信息化实验教学项目示范新体系，支撑高等教育教学质量全面提高。《教育部高等教育司 2022 年工作要点》进一步指出要全面推进高等教育教学数字化，主动适应高等教育普及化阶段质量多样化、学习终身化、培养个性化、治理现代化的需求，加快建设以数字化为特征的高等教育新形态。将推进“虚拟仿真实验教学 2.0”建设，强化“实验空间”平台应用，推出虚拟教研室信息平台，深化虚拟教研室试点工作作为提升数字化应用能力的具体任务。

在职业教育领域，示范性虚拟仿真实训基地建设的目标是围绕发挥示范、引领、辐射、带动作用，为推动现代职业教育高质量发展增效赋能。《职业教育示范性虚拟仿真实训基地建设指南》提出，要适应国家战略和数字经济发展要求，紧盯产业转型升级，融合新《职业教育专业目录》规定，将职业教育示范性虚拟仿真实训基地打造成集教学、实训、培训、科研、竞赛、科普等功能于一体的综合性实训基地、虚拟仿真实训教学资源校企协同开发平台和虚拟仿真实训技术成果展示与应用推广平台；解决实训教学过程中高投入、高损耗、高风险及难实施、难观摩、难再现的“三高三难”问题；服务新时代复合型技术技能人才培养、“双师型”教师队伍建设、企业员工和各类人员就业培训、区域经济转型升级和乡村振兴、行业企业技术创新、“一带一路”沿线国家和地区发展。《职业教育与继续教育 2022 年工作要点》提出要进一步推进职业教育与继续教育数字化升级，深化职业教育示范性虚拟仿真实训基地培育项目建设，开展建设成效监测。

在基础教育领域，《教育部基础教育司 2022 年工作要点》以深化信息技术应用改革为目标，实施基础教育数字化战略行动，注重需求牵引，深化融合应用，赋能提质增效，进一步丰富数字化优质教育教学资源，拓展服务功能。《关于加强和改进中小学实验教学的意见》（教基〔2019〕16 号）提出要重视实验教学，通过加强中小学实验教学来深化教育教学改革，全面提高基础教育质量。具体包括促进传统实验教学与现代新兴科技有机融合，创新实验教学方式，特别是对于因受时空限制而在现实中无法观察和控制的事物和现象、变化太快或太慢的过程，以及有危险性、破坏性和对环境有危害的实验，可用增强现实、虚拟现实等技术手段呈现。

从高质量教育体系内涵"促进高质量的教育公平与更公平的高质量教育"出发，将中西部教育置于国家重大战略和区域发展框架下，统筹谋划、协同发展、整体推进，是实现教育高质量发展的重要方面。为落实中共中央办公厅、国务院办公厅印发的《关于新时代振兴中西部高等教育的意见》（中办发〔2021〕52 号）精神，教育部加强东中西部高校协作，加大东部高校对口支援西部高校工作力度，精准实施对口支援，推动西部高校整体办学实力提升，为此，教育部高等教育司组织了"慕课西部行计划"和"实验教学课程西部行计划"。"实验教学课程西部行计划"针对西部高校优质实验教学资源不充分、东西部高校优质实验教学资源不平衡的问题，以提升 2017 年以来全国高校获得认定的国家级虚拟仿真实验教学一流课程的共享应用为切入点，以汇聚这些课程的国家虚拟仿真实验教学课程共享平台"实验空间"为支撑，通过举办研讨会、建设专业线上线下融合实验室、组建新型实验教学课程虚拟教研室、建设虚拟仿真实验教学资源应用共同体等方式，推动西部地区优质实验教学资源匮乏高校有效利用全国优质虚拟仿真实验教学课程资源，建设线上线下混合实验课程和线上实验课程，优化专业实验教学体系、完善实验课程内容、改革实验教学模式与实验教学方法、提升实验教学的水平与人才培养的质量。该计划的具体实施由教育部高等学校实验室建设与实验教学指导委员会和高等教育出版社负责。2021 年 9 月，"实验教学课程西部行计划"的启动仪式暨实验类教学一流课程建设与应用研讨会在青海西宁举办，标志着该计划正式拉开序幕。

此外，已有不少地区出台了相关政策，加大对虚拟现实等新兴技术的投入和应用力度，倡导运用现代信息技术创新教育教学方式。《广东省教育厅关于做好职业教育示范性虚拟仿真实训基地建设工作的通知》《广州市推进新型基础设施建设实施方案（2020—2022 年）》，强调探索人工智能、大数据、VR/AR 等信息技术与教育教学深度融合；推动落实部省共建示范性虚拟仿真实训基地的各项要求，加快推进广东省职业教育示范性虚拟仿真实训基地建设。《天津市新型基础设施建设三年行动方案（2021—2023 年）》明确提出，到 2023 年推广至少 500 个智慧教室、数字化创新型实验室、虚拟仿真实训室等应用场景，加强 VR/AR 教学资源建设，建设 3 ~ 5 个职业教育示范性虚拟仿真实训基地。

在国家的统一指导下，各地方制定的虚拟仿真教学愿景更适应地方经济发展，体现地方教育特色，具有创新性强、灵活多样的特点。2020 年 5 月 18 日，上海市教育委员会印发《上海市中等职业学校示范性虚拟仿真实训室建设指导意见》，提到要发挥学校专业优势，结合中等职业教育，开放实训中心、智慧教室、创新实验实训中心等资源，围绕示范性品牌专业和品牌专业建设，充分整合学校虚拟仿真实训教学资源，建设不少于 2 门课程的基于职场环境与工作过程的虚拟仿真实训教学资源。资源建设要注重共建共享，积极利用企业的开发实力和支持服务能力，以培养学生职业能力为出发点，创造性地建设与应用高水平软件共享虚拟实训、仪器共享虚拟实训和远程控制虚拟实训等教学资源，提高教学能力，拓展实训领域，丰富教学内容，降低成本和风险，开展绿色实训教学。江西省教育厅印发的《江西省教育厅关于加快推进虚拟现实产业发展行动方案（2019—2023）》，提出引导高校建设使用好一批 VR 教室与虚拟仿真实验室，推动 VR 技术在教学中应用，形成虚拟课堂、虚拟情境创设等教学新模式，具体包括建成一批 VR 教室与仿真实验室，认定一批 VR 精品在线开放课程和虚拟仿真实验项目，打造一批省级重点实验室和工程研究中心，建立一批 VR 人才培养基地，培养一批涉及 VR 全产业链各级各类人才。在资源开发方面，具体要求认定一批 VR 领域的精品在线开放课程，遴选一批典型虚拟仿真实验项目，建立虚拟仿真实验共享平台。同时搭建江西高校虚拟仿真实验教学共享服务平台，其中本科课程实行"1+1+1"建设模式，即 1 个中心 +1 个平台 +1 个共同体，中心侧重管理、平台侧重应用、共同体侧重建设，将课程的"管、建、用"有机融合，为江西省高校虚拟仿真实验教学本科课程资源开发建设打下了坚实基础。

另外，在国家层面上，开展虚拟仿真教学的主体不局限于教育领域，公共服务机构、社会机构、企业等都可以参与到虚拟仿真教学中来。2020 年 12 月，国家发展改革委等 16 部门联合印发《关于推动公共实训基地共建共享的指导意见》（发改就业〔2020〕1951 号），鼓励在公共实训基地开展新产业、新技术、新业态培训，推动虚拟现实、增强现实、人工智能和电子商务的应用，提出加快公共实训基地的课程开发，要求建立多种形式的数字化教学资源，建立动态、共享的职业技能培训资源库。2021 年 7 月颁发的《关于推动公共实训基地共建共享的若干措施》明确要求，对符合国家提出的运营和使用要求、有意愿有能力提供公共服务的共建共享实训基地进行联合认定，各地需要对实训基地开展课程监测、质量达标等监管指导。

2.2.2 学校层面

学校是建设虚拟仿真教学环境的主体。虚拟仿真教学环境的建设不仅与教学内容、教学方式等有关，还涉及编程开发、交互设计、界面设计、场景建模、人物建模、动画制作和硬件搭建等众多技术，这意味着虚拟仿真教学环境的设计和建设需要耗费巨大的资金、时间和人力。根据教育部有关单位的调查数据，单个虚拟仿真实验教学项目的资金投入超过 60 万元，高校对虚拟仿真实验教学的高投入，是因为虚拟仿真教学已经成为高校进行实验教学改革、适应经济社会发展对人才培养新需求的重要手段。对学校的某一具体专业来说，通过引入虚拟仿真实验教学项目，剔除陈旧的基本练习型实验，优化综合设计型实验，融入前沿科研和工程实践转化的研究探索型实体实验，重塑现有专业实验课程体系；通过建设线上（虚拟仿真实验教学）线下（实体实验教学）混合式实验教学课程、线上实验教学课程等新型实验课程，逐步构建由"实体实验教学项目 + 虚拟仿真实验教学项目"组合构成，对专业人才培养目标支撑度有提升的实验课程体系，是专业实验课程体系建设重要的突破方向。

东南大学虚拟仿真教学走在全国高校前列。东南大学土木工程专业基于虚拟仿真实验，以知识、能力、素质等培养目标要素为横坐标，以实验课程、实验项目、主讲教师和辅助人员配备、每组实验人数等资源配置要素为纵坐标，重构了"专业实验教学资源配置图"，利用虚实融合的方式，使实验课程体系对专业培养目标的支撑度显著提升。在此基础上，东南大学还把兄弟院校的国家级虚拟仿真实验教学一流课程引入教学，成功开设"工程结构抗震与防灾实验"课程，有效弥补了本校实体实验教学项目和虚拟仿真实验教学项目资源不足。此外，东南大学土木工程专业还带领其他院校，通过相互研讨、相互借鉴，助力各学校各自建设适应本校专业实验教学目标的线上线下混合实验课程和线上实验课程，成功组建了土木工程专业线上线下融合实验室，并全力推进线上线下融合实验室的相关工作。

对学校来说，一个有效的虚拟仿真教学环境不仅能解决由于高危或极端环境作业、高投入、高成本等问题而无法实验的难点和痛点，而且能促进科研人员、教师以及学生间的团队合作、学习交流和创新开发。

2.3 虚拟仿真教学环境构建原则

虚拟仿真教学环境构建是对虚拟仿真教学资源、虚拟仿真教学装备、虚拟仿真教学管理平台、虚拟仿真教学环境基础条件进行协同设计的过程，应充分考虑以下三个方面。

首先，应以满足教学需求为导向，注重教学功能的差异性和综合性。虚拟仿真教学环境在设计规划之初就要明确适用范围、教学对象、教学目标和教学方式等重要内容，以满足教学需求为根本遵循。按照教学需求合理规划虚拟仿真教学资源、配备虚拟仿真教学装备、设计虚拟仿真教学管理平台功能、提供虚拟仿真教学环境基础条件。针对不同类型的知识、技能培养目标及要采取的教学方式，应设计不同类型的虚拟仿真教学资源来加以实现，不同类型的虚拟仿真教学资源又决定了虚拟仿真教学装备的选型，这些差别会鲜明地体现在虚拟仿真教学环境的空间设计中，呈现出截然不同的环境效果。读者可以在第 7 章的典型案例中清晰地看到各虚拟仿真教学环境功能区域的不同。

其次，虚拟仿真教学环境的组成要素应完整且协调匹配。虚拟仿真教学资源、虚拟仿真教学装备、虚拟仿真教学管理平台和虚拟仿真教学环境基础条件是虚拟仿真教学环境的重要组成要素，在进行虚拟仿真教学环境建设时，要确保各要素彼此协调匹配。虚拟仿真教学资源和虚拟仿真教学装备的匹配度是首先要考虑的，如个人计算机、头戴式 VR 交互系统、移动型装备和桌面 VR 交互系统是较为常见的虚拟仿真教学终端装备。个人计算机使用最普遍，共享性好，运行环境简单，成本较低，但是交互方式单一，沉浸感较差，适用于对沉浸感要求不高，但对设计性、构想性要求较高的资源。头戴式 VR 交互系统有极强的沉浸感，空间展示效果好，但是需要搭建专业硬件，难以在线共享，适用于对沉浸感有较高要求，需要走动操作，人可进入的大结构对象。移动型装备携带方便，缺点是屏幕小、交互不便，适用于户外等不便携带电脑设备的教学环境。桌面 VR 交互系统立体展示效果好、沉浸感较强，但也需要搭建专业硬件，成本较高，适用于对虚拟对象展示精度有较高要求的中微观实验或要求一定沉浸感的小组教学活动。在虚拟仿真教学装备的选上，还要体现一定的先进性，为未来教学资源的更新和技术升级保留空间，同时还要综合考虑场地、设备造价等现实条件。此外，在进行虚拟仿真教学环境建设时还要注重不同厂商开发和制造的虚拟仿真教学装备、虚拟仿真教学资源和虚拟仿真教学管理平台之间的有机集成和数据互通。

　　最后，要注重融合智能技术，体现智能化特征。虚拟仿真教学和人工智能技术有天然的关系，且呈现出"你中有我、我中有你"的融合趋势。随着虚拟仿真教学不断拓展深化，越来越多地需要表现虚拟环境中各种自主个体和群体对象的信念、愿望、意图等高层次精神状态和复杂行为，这离不开基于人工智能的建模方法。此外，虚拟交互的智能化和虚拟对象及内容生产的智能化、自动化也在不断增强，虚拟仿真与人工智能的融合对促进分布式虚拟仿真条件下的教育场景应用，实现虚拟场景中的智能化交互，促进高阶的探究式、自适应学习具有重要意义。虚拟仿真教学环境的智能化可以通过环境中各要素的智能化加以体现，如实验技术人员、教师和学生可通过智能化的管理平台实现班级设置、开课管理、实验安排、模拟实验、实验报告、实验成绩、成绩统计查询等功能；借助人工智能技术、大数据技术、学习分析技术等，虚拟仿真教学管理平台还可以提供实时的智能讲解、答疑和互动，对学习数据进行分析，评定学习者学习的情况，帮助教师提供更加精准的教学指导。智能化的交互终端可以使学习者学习过程便捷，增强交互感，提高效率，理想情况下，智能交互终端不仅可以支持各种格式内容的呈现，而且应该允许学习者在多个设备中连续学习、无缝衔接，如当学习者在某一移动设备上学习时，因为有事外出中断学习，在其他地方可以利用另一移动设备（如平板电脑）接续上次记录继续学习。

第 3 章

虚拟仿真教学资源

3.1　虚拟仿真教学资源类型

　　虚拟仿真教学资源的设计要符合教育教学的目标，针对不同类型的知识、技能培养目标以及要采取的教学方式，需要不同类型的虚拟仿真教学资源来支撑，这些不同类型的虚拟仿真教学资源具有各自的特点，需要加以区分，以便从事虚拟仿真教学资源设计、开发和应用的教师和技术人员有针对性地选择不同的资源类型。

　　根据布鲁姆目标分类理论，知识可分为事实性知识、概念性知识、程序性知识、创新或综合应用性知识等；认知维度也被划分为记忆、理解、分析、应用、综合、评价等多个层次。针对不同类型的知识、不同层次的认知维度，采取的教学方法也应有所区别。基础教育、高等教育、职业教育等不同类型的教育和不同学习阶段的教学目标、教学方法也有很大的差异。为实现不同的教学目标，适应不同的教学方法，教学资源在设计过程中要有所侧重。例如，事实性知识重在记忆，反复的刺激有利于知识的学习；概念性知识重在理解，沉浸式体验或讲解有利于抽象知识的学习；程序性知识的重复训练有利于流程或者动作的学习；创新或综合应用性知识要给予学生更大的自主设计空间，注重激发学生的自主创造能力。综合考虑教学目标、知识类型、教学方法等多方面因素，结合虚拟仿真技术的特点，可以将虚拟仿真教学资源划分为沉浸体验类、认知强化类、技能训练类、自主设计类、多人参与类 5 种类型。

3.1.1　沉浸体验类

　　沉浸体验是一种状态，"人们投入到一种活动中去，而完全不受其他干扰的影响"。沉浸体验感能帮助学生全身心投入学习活动，获得经验和知识的增长。对教师而言，体验式教学需要教师精心设计教学活动，让学生体验新的活动或者对经历过的活动进行再体验，引导学生审视自己的体验，积累积极正面的经验，达到对学习对象本质的理解，从而启发学生心智。传统的体验式教学是让学生通过真实的实践行为来认识周围事物，用亲身的经历去感知、理解、感悟、验证教学内容的一种教学模式。体验类活动强调的是学生在"做中学"和"亲身感受"，体验式教学的达成需要学生参与与教学目标相匹配的真实活动，但是在实际教学中，实地或真实考察体验往往难以实现，教师通常需要借助特殊的教学设计来"创设"

情景帮助学生完成拟真的体验，如角色扮演、换位体验、商业模拟等方式。

沉浸体验类虚拟仿真教学资源可以满足开展体验式教学的需要。沉浸感是虚拟仿真技术的重要特征，指能使人产生身临其境的感觉。虚拟仿真技术能够为用户提供视觉、听觉、触觉等多通道感官模拟，使用者在虚拟场景中可以全身心投入，完全被吸引到虚拟场景中。沉浸体验类资源所具备的超强沉浸感可以使用户暂时脱离真实生活场景，在虚拟场景中获得与真实世界相同或极为相似的三维感知体验，现实世界中的时间、空间等限制不复存在，学生以第一人称视角或第三人称视角考察虚拟场景。沉浸理论指导下的虚拟学习活动发生在一系列真实情境的场景中，学习者作为场景中的角色，通过感知、观察、判断现场环境，参与到较为真实的活动体验之中，从环境中获取行为效果的反馈，再继续感知、判断环境，不断调整自己的学习过程。总之，沉浸体验类虚拟仿真教学资源是提供可体验、感官沉浸的虚拟学习环境，能促使学生全身心投入，满足学生参与"真实活动"需求的资源。

沉浸体验类虚拟仿真教学资源主要具备以下特点：①具身感受。利用虚拟仿真技术创设仿真的场景，学习者可以在场景内自由漫游，进行全方位的观察、体验，具备视觉、听觉、触觉等多感官的感知，能够以"亲身实践"的形式，经历某种事件或某项活动，进而在心理、身体上获得具身感受。②全身心投入。学习者在课堂教学活动中，容易受到外部环境的干扰，沉浸体验类虚拟仿真教学资源能够过滤不相关的感知信息来源，使学生在一定时间里脱离现实世界，集中注意力，完全投入虚拟世界中，沉浸体验类资源往往需要借助头戴式 VR 交互系统等将真实世界和虚拟世界进行物理隔离。③寓教于乐。乐包含两层意义，一是指教师把传授的知识融入能激发学生兴趣的教学方法中，尽量使教学过程像娱乐活动一样吸引人，二是指教师通过调动学生的积极性，引导学生由被动学习向主动学习转变，学生能明确学习目的，并体验到学习的快乐，获得积极的情感体验。相较于枯燥的阅读、听讲等学习活动，沉浸体验类资源创造的超强体验式、参与式活动，能够给学生带来更多的积极感受。沉浸体验类资源除了要创设一定的情境外，还应注重让学生以第一人称视角参与到活动中，在虚拟场景中完成案例学习和社会实践等。整个体验学习的过程，是学生与虚拟环境不断交互的过程，学生在亲历的过程中建构知识、发展能力、产生情感、感知意义。一般来说，沉浸体验类资源的自由度较低，属于自由观摩层级，即能变换角度和远近观看虚拟环境和对象，但是不能对虚拟对象进行实质性操作。

沉浸体验类虚拟仿真教学资源特别适用于创设需要亲身体验，但现实生活中却难以协调时间、地点或者难以还原的活动场景，如历史场景和自然环境等。利用虚拟仿真技术渲染气氛、塑造情境，配合角色演绎与音效，可以营造出震撼的视听场面，促使学生获得与真实世界一致的感受，学生在特定氛围下，产生情感共鸣、移情、想象等行为。如关于长征的虚拟仿真教学资源，大都注重为学习者创造沉浸式场景，让学习者在虚拟空间里身临其境地重走长征路，从而更好地产生情感共鸣，进而坚定理想信念，传承长征精神。再如，沉浸式虚拟现实技术应用于虚拟地质考察中，能够打破时间、空间对实地野外考察的限制，学生可以随时观测三维地质地貌的精细结构，虚拟实地考察活火山口、海洋中脊、月球、火星等难以到达的高风险区域，具有节省成本和提高安全性等一系列优势。南京农业大学农业生物学虚拟仿真实验教学中心从野外实习教学的实际应用出发，构建了天目山生物学野外实习虚拟仿真实训系统。该系统以沉浸式虚拟场景为主场景，结合实际实习场景及真实的动植物图像，构建出虚实结合的仿真实训平台，其主要系统构架包括 360° 实景全景环视、沉浸式虚拟三维实习场景、虚拟三维动植物标本馆等。

3.1.2 认知强化类

"认知"是人在认识过程中的产物。人获得知识或应用知识的过程开始于感觉与知觉，通过感觉或知觉获得的知识经验可以保留在头脑中，使人不仅能感知每个具体的事物，认识事物的表面联系，还能运用头脑中已有的知识和经验去揭露事物的内在本质和联系，进而解决问题或利用语言进行交流，此外还可以由头脑中保存的具体形象引发想象和创造。人的认知活动与人的认识过程密切相关，是人们学习和掌握知识的过程。知识学习既包括对知识的记忆、理解、应用等初级认知操作，也包括分析、综合、评价等高级认知操作。强化应用到教学中，可以塑造新行为，进行行为矫正等。对认知的强化主要指在循序渐进和多次反复学习的过程中，促使学生深入学习知识。在实际教学活动中，学生对事物的认识可以来源于真实事物、模型、图像、文字、语言等，但基于单一的语言、文字、图像等静态与二维的学习资源所产生的学习效果往往并不理想。关于知识保持即记忆持久性的心理学实验表明：人们一般能记住自己阅读内容的 10%；自己听到内容的 20%；自己看到内容的 30%；自己既听到又看到内容的 50%；在交流过程中自己所说内容的 70%。这就是说，如果既能听到又能看到，再通过讨论、交流，用自己的语言表达出来，知识的保持将大大优于传统教学的效果，多种感官的刺激不仅非常有利于知识的获取，而且更有利于知识的保持。

许多抽象的概念、原理往往是教学的难点和重点，在传统教学中，只依靠教师的理论讲解和播放图片及视频等，学生很难达成对知识准确的、深层的理解。虚拟仿真技术辅助学生更好地完成认知过程，主要体现在利用超时空伸缩特性，可以实现对物理时空的缩放、转换，展示微观和宏观事物的结构，包括肉眼不可见的内部结构、因变化太快或太慢而在实际中无法观察到的自然现象、事物变化过程或极端条件下的变化过程。如在生物学教学中，虚拟对象既可以是宏观系统，如森林生态系统、高原生态系统、湿地生物种群等，也可以是微观结构，如生物的器官、组织、细胞、细胞器等，甚至是生物大分子。这样原本不可及、不可见的教学内容都可以呈现出来，如野外考察、病毒形态、分子结构等。同时，很多超长时间尺度的变化过程，如生物进化、微生物发酵等可以被压缩在短时间内完成。在化学学科中，污染物在大气环境下的扩散模型、污染物的产生机制等内容是十分抽象的，学生难以在这样的大尺度时空下完成真实的观测，结合三维建模、动态过程模拟等技术手段就可以模拟展示污染物的扩散规律，将抽象的粒子运动模型转换为可观测的动态变化场景。在文科教学中，虚拟仿真技术能创设文科实验教学，改变文科类专业只能坐而论道的教学现状。如在鉴赏文物时，学生只能通过书籍、图像等资料来了解那些被珍藏在博物馆中文物的相关知识，或者透过玻璃橱窗简单观察文物的外部结构特点，无法对其内部构造、材质等产生直观的认识，更不用说能够反复拆解观察。而应用虚拟现实技术，可以将文物进行三维扫描并且制作仿真的数字模型，这些模型通过屏幕或全息投影技术在博物馆展厅中循环播放。有了这些文物的三维扫描数字仿真模型，一旦文物有所损坏也可以借助数字模型进行修复。用户能够移动或旋转借助增强现实制作的三维文物模型，观察到模型各个角度的细节，体验虚拟把玩文物模型的乐趣。再如对于孔子的思想专题教学中，孔子的思想是一个抽象的概念，为了激发学生的学习兴趣，拉近先贤思想与学生之间的距离，教师可以把孔子的行为、语言等具象的内容转化为认知强化类虚拟仿真教学资源，按照从具象引入抽象思维的方式开展教学，学生可以在虚拟场景下与孔子互动，加深对孔子思想的理解。

总之，认知强化类虚拟仿真教学资源以支持个体成功执行认知加工为目的，以虚拟仿真技术的沉浸性、构想性、交互性特征为基础，对知识学习过程进行分解，促使学习者从感知到记忆再到理解，循序渐进地完成知识学习。认知强化类资源的主要特点是直观具体、易观察、循序渐进。认知强化类资源一般应允许学生在虚拟环境中自由导航，满足从不同角度或任意缩放尺寸进行观察，从而对事物特征、结构或相关过程产生更深入的理解。一般来说，认知强化类虚拟仿真教学资源的自由度也较低，大部分属于自由观摩层级，还有少部分允许学生进行简单的预设操作，属于规定操作层级。与沉浸体验类资源不同，认知强化类资源对沉浸感的要求并没有那么高，不一定要采用头戴式 VR 交互系统，通常桌面 VR 交互系统或个人计算机设备就能满足认知强化类资源的展示要求。

3.1.3　技能训练类

虚拟仿真教学资源具备安全性高、成本低、可反复训练等优点，对于在真实世界中开展成本高、存在危险性的任务，虚拟仿真技术能够模拟真实的任务情境，学生可以在虚拟环境中重复训练，并获得行为结果和环境反馈。这有利于学生将所学技能迁移到真实的操作任务中，在技能训练领域被广泛采用，如模拟驾驶训练、模拟手术训练等，同时这种技能训练也频繁发生在职业教育中。

职业教育的技能训练目标分为智力技能、动作技能、表达技能、感觉与知觉技能 4 类。智力技能指仅在大脑皮层进行的认知活动能力，如判断、计算等；动作技能指仅需要以肌肉运动的活动能力，如操作机床、驾驶汽车、机械制图等；表达技能则包括口头表达技能与文字表达技能，口头表达技能如演讲、辩论，文字表达技能如公文写作等；感觉与知觉技能则指依托于感觉与知觉器官开展的活动能力，包括视觉、听觉、味觉、嗅觉、触觉等。在技能目标分类的基础上，可以将技能训练类虚拟仿真教学资源进一步划分为流程训练类、决断训练类和动作训练类 3 种子类型。

3.1.3.1　流程训练类

很多职业岗位面对的工作具有很强的工艺流程性，产品的生产有严格的工艺控制及其对应的职业能力，包括生产流程中相对独立的不同工位的多种技能。职业院校常常会按照工艺流程、生产流程或实务流程来设置实训室，对学生进行流程训练。流程训练也称标准化训练或规范性训练，就是要让学生通过反复多次的操作，逐渐掌握规范、准确的操作流程及相关技能，从而降低实际生产中的事故率，提高生产效率和产品质量。在实践中，受到场地、成本、技术等因素限制，学校很难建成完整的生产线供学生体验了解全部生产或工艺流程，虚拟仿真技术可以构建针对某一技能、工种、产业链的虚拟仿真教学资源。2020 年 6 月教育部颁布的《职业院校数字校园规范》，根据流程训练所覆盖的不同内容，把职业院校仿真实训资源划分为以下 5 类。

（1）元件 / 工具级　针对一个元器件、简易工具进行讲解、参数调整和拆装。

（2）仪器 / 技能级　针对一台仪器、实验装置或一个操作技巧进行学习。

（3）实验室 / 车间级　能够完成一系列操作，如一个交流整流电源试验等。

（4）工种 / 工厂级　对特定工种和级别主要技能进行全仿真，包括初级工、中级工、高级工等。

（5）专业群 / 产业链级　配合仿真实训基地，对特定专业所有课程主要技能进行全仿真，形成仿真实训教学体系。

上述资源均属于流程训练类虚拟仿真教学资源，这类资源的特点是针对某个或多个主要技能，根据训练核心技能的需要，设置若干个任务、模块（单元），按照技能点层层展开，注重工作过程与操作步骤，支持学生反复训练，以达到技能养成的目的。

以青霉素的生产教学为例，其主要目的是要求学习者能够了解青霉素生产车间，以及相关工段生产技艺和生产流程。青霉素工业化生产的各个阶段均有固定的流程和标准化操作，学生到制药公司现场参观时，很难在短时间里对整个生产流程建立全面的认识，无法了解到设备内部的药物合成过程，更谈不上对设备进行操作。青霉素生产虚拟仿真教学资源可以满足学生反复实践青霉素生产全过程的需求，该资源以青霉素原料药生产流程为主线，将每个流程的操作步骤和器材使用技巧都模块化，学生按照已掌握的知识完成各个交互性操作，通过多次练习逐步掌握青霉素发酵车间的全部工艺过程。再如利用虚拟仿真等技术可以构建虚拟的啤酒厂场景和装置，建立完整的啤酒生产工艺流程，呈现集成化、自动化、连续化生产过程。学生既可以完整体验整个啤酒生产流程，还可以通过设计和动态控制温度、压力等工艺参数，深入学习设备的操作技能。在设计流程训练类虚拟仿真教学资源过程中，要在关键操作步骤上给予学生明确的指导或提示，便于学生能够顺利完成所有的操作步骤，获得相关经验。

3.1.3.2　决断训练类

决断训练是要训练学习者在不同的场景下，根据现场环境、工具、事件特点等，做出及时、准确的处置，从而取得最优的效果，最大限度地降低风险危害。在此类训练中，学习者的关注点不再是操作的步骤，而是不同的决断可能导致的不同结果。决断训练对于培养与锻炼学习者的随机应变能力，帮助学习者更好地应对突发状况，将理论知识和技能与实际生产场景相融合具有重要的作用。

在实际教学中，我们往往难以承受"错误决断"带来的结果，无法让学生尝试进行"错误决断"。决断训练类虚拟仿真教学资源，就是利用虚拟仿真技术创设各种不同的决断情境，预设多种随机事件或过程，针对学生在事件或过程中的决断情况，虚拟对象要及时作出相应的反馈，将决断产生的结果清晰、准确地呈现出来。下面以 3 种案例说明。

在医学救助中，医生对患者病情的判断及处理决定会影响患者的生命安全，以救助毒蛇咬伤患者为例，由于现实生活中学生难以接触到被毒蛇咬伤的患者，很难真实参与此类救治过程，导致在实际实施相关救治操作时，可能给患者带来二次伤害。毒蛇咬伤处置虚拟仿真教学资源构建患者被毒蛇咬伤的虚拟情境，模拟多样的患者伤情、抢救场景，将患者救治过程和方法"真实"再现，训练学生在急救护理操作过程中的处置能力。学习者要在虚拟救治过程中进行正确的对话选择、操作选择，可以"真实"感受到自己在操作过程中的应急处置对患者造成的影响，为后续的临床实践打下基础。

在应对高危情况的技能训练中也可采用决断训练类虚拟仿真教学资源，以航空客舱火情处置为例，这类情境既有高危险性，又不可演练，根据火灾情况需要采用的灭火装置和处理流程也大不相同，简单的理论学习难以达到教学效果。采用虚拟仿真技术，依据航空客舱设备操作与管理原理搭建虚拟仿真模型，完整再现火灾等安全事故发生的情形。学生可基于虚拟仿真资源反复训练，采取不同的处置方式，获得个人仿真实训的行为结果和环境反馈。这类资源具备很强的环境真实感和操作灵活性，可以有效提升学生对突发火灾事件的应急处理能力。

除此之外，决断训练类虚拟仿真教学资源在体育训练中也有很好的应用，如在足球攻防战术训练中，将足球比赛的真实场景还原成虚拟场景，持球队员的位置、队友的位置、防守人员的位置，以及队员之间的距离和角度等都根据真实场景进行还原，并以球员的第一视角展示比赛与训练画面。学生能以第一视角进行场景识别和决策，同时快速得到系统的反馈提示，有利于强化学生的场景识别能力和快速决策能力。

对于决断训练类资源来说，要注意的一点是，在学生作出决断后，系统一定要针对学生的操作行为作出及时的记录、反馈和评价，便于学生快速、准确地了解自己的决断所产生的结果，从而修正和完善自己的操作行为。

3.1.3.3　动作训练类

动作训练的目的是为了强化某些肌肉运动的活动和记忆能力，从而增强动作的熟练程度和精准程度。采用动作训练类虚拟仿真教学资源主要是针对真实训练成本高、难以多次重复实现或具备一定危险性的场景，如操作大型机床、驾驶汽车、驾驶飞机、驾驶高速动车组列车等。汽车模拟驾驶虚拟仿真教学已经非常成熟，学生可以根据预设选项选取特定场景进行模拟驾驶测试。在无障碍场景下，进行自由驾驶测试，完成起步、加速、刹车、直行等操作；在正常天气、人多的城市道路场景下，进行密集人群驾驶测试；在正常天气、人少、弯多的山区道路场景下，进行危险路段驾驶测试；在大雾、暴雨等极端天气场景下，进行极端天气驾驶测试等。动作训练类虚拟仿真教学资源还为部分运动项目训练提供了新方式，创设了新条件，有效扩大了这些项目的开展范围，如传统滑雪教学受季节和地域限制，只能在雪季安排授课，且室外教学中，温度低、滑行速度难以控制，具有一定危险性。北华大学利用滑雪模拟机结合虚拟技术设计雪道场景，在温度适宜的室内进行滑雪训练，滑雪模拟机可以根据需要控制模拟机速度和交互进度，实现滑雪基本技能、平行转弯、犁式转弯等关键技术的反复训练。为了达到与真实训练基本相同甚至是更优的动作训练效果，动作训练类虚拟仿真教学资源往往需要采用通用型装备（如头戴式 VR 交互系统、LED 大屏幕立体显示系统）和专用型装备（模拟汽车驾驶室、飞机驾驶舱等）相结合的方式来呈现。如汽车驾驶虚拟仿真教学要配备真实的方向盘、手刹和脚刹等，飞机驾驶虚拟仿真教学要配备驾驶舱、操纵杆等，而体育运动类的虚拟仿真教学还要搭配特定的运动器械。

与沉浸体验类资源和认知强化类资源相比，技能训练类虚拟仿真教学资源的自由度更高，一般应达到规定操作层级，即能按照规定步骤完成操作。

3.1.4 自主设计类

从自由度上来说，当虚拟仿真教学资源能达到自由操作层级（能自由操作对象并有推演结果）和自由搭建层级（能自由搭建系统，改变拓扑结构，并有推演结果），就可以把这类资源称为自主设计类资源。从教学目标上来说，自主设计类虚拟仿真教学资源更加强调学生的设计能力、探究能力、创新能力等，满足学生通过自由搭建和不断尝试，进行深入学习和探究方法的需要，这一点是传统教学手段不能比拟的。如实验教学方面，在传统实验中，错误操作往往会造成仪器的损坏，甚至导致人身安全问题，同时实验过程多是固定的、照方抓药式的，不能很好地培养学生的开放性思维和自主探究能力。而自由度高的虚拟仿真实验可以突破这些限制，为学生自主设计和探究提供有力的支持。从教学内容来看，自主设计类虚拟仿真教学资源是体现基本要求基础上的研究和探索，以综合设计型和研究探索型内容为主。综合设计型要包含多门课程原理、方法和技术，培养学生在对专业课程融会贯通的基础上，应用相关知识通过自主设计解决实际问题的能力；研究探索型以学科或行业发展前沿问题为选题，以学生自主设计为基本要求，面向前沿领域开设窗口，增加学生兴趣选择的灵活性，引导学生洞悉、探索学科前沿。

具体地，自主设计类虚拟仿真教学资源又可以分为简单设计类和复杂设计类。简单设计类允许学生自由操作，并具有推演结果，复杂设计类资源的自由度更高，允许学生自由搭建系统改变拓扑结构，并具有推演结果。要想实现自由搭建这一更高级别的交互，通常要使用迭代优化的推演形式。调查数据显示，绝大多数的虚拟仿真教学资源都不支持学生自由搭建系统，也就不能达到很好地训练学生的创新思维和自主探究能力的目的。在此前针对高校虚拟仿真实验教学一流课程的调查中，简单设计类虚拟仿真教学资源占比为 38%，复杂设计类虚拟仿真教学资源仅占 5%。

3.1.4.1 简单设计类

在简单设计类虚拟仿真教学资源中，学生的操作过程不是固定的，大部分操作步骤是灵活的或多路径的，学生可改变科学模型的参数，并获得正确推演结果，但不能改变科学模型的拓扑结构。

在进行参数输入或操作后，计算机会按照预先设计的科学模型，通过预置数据查询、公式计算等方式进行推演。预置数据查询是指虚拟仿真数字资源中所用到的参数、过程数据、结果数据等均来自真实实验测量获取的已知常量数据，然后进行简单的参数配置和关联处理。该数据预置集成到虚拟仿真教学资源的数据库中，通过内部数据查询的方式即可把操作结果呈现出来，该方式只能处理比较简单的模型，无法应对预置参数以外的操作。公式计算是指虚拟仿真数字资源中所用到的参数、过程数据、结果数据等，可以通过一套数学公式进行数值计算，不是固定的预置数据，也不需要通过复杂的计算工具来实现，具有简单快速获取计算结果的特征。但是这种形式也要求预先找到可靠的计算公式，对于比较复杂的模型往往难以实现。在计算机推演完成后，虚拟环境或虚拟对象应将学生操作后发生的变化及时呈现出来，便于学生观察自主设计的结果或成效，从而进一步进行修正和完善，达成从设计、实现，到反馈、修正的思维闭环。

虚拟陈列展览设计是简单设计类虚拟仿真教学资源的典型代表。展陈综合实训是培养文物与博物馆学专业本科生必不可少的环节，然而，展陈文物属于高成本、高风险、高消耗且结果不可逆的操作，即使在博物馆实习，学生也无法全程参与展览的内容与形式设计。学生无法调取核心文物，也不能调配展厅空间将自主撰写的展陈大纲付诸实践、深入推敲与验证，这使得博物馆展览设计的教学目标无法真正达成，对学生的实践、创新能力培养是一项缺失。利用虚拟仿真技术，模拟展厅实际场景，构建在线博物馆陈列展览虚拟仿真教学资源，在展览形式设计环节，学习者可根据自己的专业知识和个人构想进行自主创意，设计参观路线、展墙、展具、色彩、界面、灯光等展陈要素。对于展览效果的评价既包含系统根据学习者的设计与答题情况给出的分数，也包含教师对学生设计情况的评价。展陈设计虚拟仿真教学资源实现了对展览情况的 3D 模拟，满足了学生自主设计展览的需要，是培养该专业学生实践能力和创新能力的重要方式。

3.1.4.2　复杂设计类

复杂设计类虚拟仿真教学资源允许学生自由搭建系统并改变拓扑结构。相对于简单设计类虚拟仿真教学资源，复杂设计类虚拟仿真教学资源能够灵活改变科学模型拓扑结构，且还能正确推演结果。复杂设计类虚拟仿真教学资源的自由度最高，也最难实现，其实现不能依靠简单的预置数据查询或者公式推导，而是需要有可靠的数学模型作为基础，并在模型基础上通过匹配、运算、迭代等多种方式进行推演。复杂设计类虚拟仿真教学资源允许学生根据一定的学习目标，最大限度按照自己的想法来设计方案并进行验证和优化，学生可利用虚拟器材库中的器材自由搭建任意合理的典型实验或案例，系统能根据学生的设计推演出结果。学生能够通过自由搭建和不断尝试，深入学习相关内容和方法，同时能够避免真实操作中由于错误尝试造成的仪器损坏或者人身安全问题。

以电路设计类实验为例，学生可自主设计、调试模拟电路，并进行综合测试和运行。该资源允许学生对电路进行自由搭建，并能够推演运行，有效避免了实际实验过程中由于安全性、成本等原因，难以进行创新性设计的问题。真实的电路实验中，由于元器件数量不足、设备损耗、实验仪器老化，实验结果常常出现差错，且电路实验元器件的多种组合设计往往产生不同结果，不利于教师的评价。电路设计虚拟仿真实验可提供实验所需要仪器设备以及实验元器件等，学生可以根据实验原理，使用实验提供的器材，自主连接电路、调整元器件，使用仪器设备完成实验。该资源也能够支持由于拓扑结构或器材参数改变引起的实验数据结果变化。电路设计虚拟仿真实验既减少了教师的工作量，也提供给学生自主设计电路的机会。

以上介绍了沉浸体验类、认知强化类、技能训练类和自主设计类虚拟仿真教学资源的特点和典型案例。这四种类型虚拟仿真教学资源的自由度逐渐增大，沉浸体验类资源和认知强化类资源属于低自由度层级，技能训练类资源属于中自由度层级，自主设计类资源则属于高自由度层级。这里要说明的是，自由度的高低虽然能够反映虚拟仿真教学资源可被操作、改变的灵活程度和表征结果的多样性，但是并不与资源质量的优劣有直接对应关系，也就是说沉浸体验类资源的质量和价值并不比自主设计类资源低。不同类型的虚拟仿真教学资源是与不同的教学目标相匹配的。从实际情况来看，中小学的虚拟仿真教学资源就比较适合以沉浸体验类和认知强化类资源为主，辅以少部分简单设计类资源；职业院校则应以技能训练类资源为主；高校的虚拟仿真实验教学课程建设则十分重视满足学生进行自主设计的需求，应以自主设计类资源为主，这一点在《虚拟仿真实验教学课程建设与共享应用规范（试用版）》中是明确提出的。此外，不同类型的虚拟仿真教学资源对沉浸感、构想性、交互性的要求有所不同，要匹配不同种类的硬件终端来加以呈现，这一点在前面的论述中也有所涉及。沉浸体验类资源对沉浸感要求最高，主要采用头戴型装备或大屏型装备；认知强化类资源往往对虚拟对象的展示精度有较高要求，同时还对沉浸感有一定要求，可以采用桌面 VR 交互系统；技能训练类资源可以根据训练技能的属性配备通用型交互系统和专用型交互系统；自主设计类资源强调构想性，对沉浸感的要求没那么高，个人计算机设备就能满足教学要求。当然，为了扩大优质虚拟仿真教学资源的应用范围，为共享提供便利条件，资源开发中还应综合考虑终端装备的成本、可共享性等因素，所有类型的虚拟仿真教学资源最好都具备在个人计算机设备上运行的版本。

3.1.5 多人参与类

现阶段，虚拟仿真教学资源一般都是以单人单机的形式呈现，更加强调人机交互，即人与虚拟世界之间进行自然、便捷的交互，对虚拟环境下的人际交互关注较少，特别是在教学中缺少实时的人际互助交流环节，学生往往是在虚拟环境中孤立地完成操作，可能会人为拉大人际时空距离，特别是学生与学生之间交流的距离。随着5G网络的发展，多人异地协同参与的虚拟仿真教学成为可能，未来允许多人协同操作的虚拟仿真教学资源将逐渐增多。多人参与类虚拟仿真教学资源强调"多人"以不同的组织形式，共同完成某一项任务，将多个不同空间的用户聚集到同一虚拟空间，实现多人在同一虚拟空间内的交流与合作。多人参与类虚拟仿真教学资源对技术与设备的要求较高。竞赛类资源与协作类资源是典型的多人参与类虚拟仿真教学资源，两者的主要区别在于参与者的组织形式不同。

3.1.5.1 竞赛类

竞赛是一种重要的多人组织形式，是促进学生学习的一种有效方式。竞赛能够培养学生的创新创业能力、运用技术解决实际问题的综合能力和团队合作意识，同时还能检验学生的学习情况。提供能够动手操作及协作的真实实践环境有利于提升竞赛效果。一般而言，竞赛组织往往需要场地、设备等多方面条件的配合，这种成本高、投入人力多的活动往往需要较长时间才能完成。对于某些专业的竞赛，还需要设置完整的工作流程，配备先进的设备，才能达到竞赛要求的条件。

虚拟仿真竞赛无须专门搭建场地和设备，就能够对参赛者进行及时的自动记录和评价反馈，特别是在一些大型的职业技能竞赛中，可以实现对整个生产流程、生产设备、生产环境等的全方位仿真，对参赛者的操作全过程进行记录与评价，大大减少组织职业技能竞赛的人力和财力投入，提高工作效率。工程专业、制造专业、建筑专业等都开设了虚拟仿真大赛。2021年，教育部主办的"中国大学生工程实践与创新能力大赛"设有虚拟仿真赛道，中国机电一体化技术应用协会主办了"同立方杯"首届全国电器控制系统装调虚拟仿真技能大赛等。2022年，中国自动化学会组织了"全国智能制造虚拟仿真大赛"等。以"全国智能制造虚拟仿真大赛"为例，比赛分为中职组、高职组、本科组3个组别，采用线上比赛形式，统一使用PQArt竞赛软件的在线考试功能模块，提高了比赛效率，减少了比赛投入。竞赛的任务场景由比赛方统一设置，借助虚拟仿真等技术实现任务场景与真实的数据加工单元一致。学生在比赛中完成场景搭建、流程轨迹制作等任务，场景搭建任务需要将仿真的各工作单元合理拼装到一起，流程轨迹制作任务则考查学生在固定场景中的轨迹设计能力。

3.1.5.2 协作类

协作学习模式是采用协作的组织形式促进学生对知识的理解与掌握,协作学习的基本模式有竞争、辩论、合作、角色扮演等。在真实学习或网络学习中,良好的协作学习往往需要多种条件的配合。在共享的虚拟环境下,身处不同地理位置的学习者能感觉自己与同伴处于同一空间,且可以实时交互讨论,得到即时的反馈,有利于协作学习的进行。协作类多人参与虚拟仿真教学资源允许学习者就同一问题或项目共同参与,采用竞争、对话、辩论等形式论证问题,并进行综合分析,最终达成学习目标。协作类虚拟仿真教学资源具备共同参与、深度交互、目标一致的特点。

协作类虚拟仿真教学资源使现实生活中一些难以实现的,多人共同参与实践的学习活动成为可能,如医学教育中各个科室的协调配合,可以模拟实战训练,提高学习效果;还有法学教育中对谈判现场、诉讼现场辩论的模拟,可借助人机互动、多人互动等交互方式,满足实战性、互动性和浸入性的学习要求。初学者可以在虚拟环境下,与系统中的人工智能机器人进行简单的谈判体验,再选择和其他学习者一起进入实战谈判场景。双方借助摄像头、麦克风进行互动,一方可以观察对方的言辞、举动、表情,对其性格进行初步判别,根据对方的表现调整自己的谈判方式。在虚拟环境下,双方以"辩论"的模式实现了协作学习。协作类虚拟仿真教学的案例有很多,最典型的是在 2019 年的中国慕课大会上,南京航空航天大学、西北工业大学、贵州理工学院同时接入了一个飞机装配虚拟实验系统,身处三地的学生协同完成了一场往返 4 000 km 的飞机翼身对接虚拟仿真协同实验。该实验通过 5G 网络将南京、西安和贵阳三地的学生接入 C919 拆装虚拟仿真训练系统,有学生测量,有学生反馈计算并调整。三地学生通力协作,机翼与机身对接成功,头戴式 VR 交互系统的高质量画面在北京会议现场实时展示。如果没有虚拟仿真技术,这样庞大的实验,几乎无法在实验室里完成。该次实验实现了多地协同实验延时低于 38 ms,以及 5G+4K 超远距离实时交互传输等技术突破,展示了协作类虚拟仿真教学资源的广阔发展前景。

3.2　虚拟仿真教学资源的设计与开发依据

随着时代的发展与技术的进步,越来越多的学校认识到虚拟仿真教学的价值,加大力度开展虚拟仿真教学。广大教师、教育研究者、企业技术人员等都参与到虚拟仿真教学资源的设计、开发与应用中，虚拟仿真教学资源的数量大幅提升。随之而来的虚拟仿真教学资源质量整体偏低的问题也逐渐凸显，虚拟仿真教学资源的逼真度，以及硬件适配性、便捷性、稳定性、安全性、共享性等方面都还存在不足。为了规范虚拟仿真教学资源的设计与开发，教育行政部门陆续发布了若干指南、规范；企业和相关产业联盟也发布了有关指导性文件；此外，还有不少专业学者从研究角度提出了虚拟仿真教学资源设计与开发的具体要求。上述内容共同构成了虚拟仿真教学资源的设计与开发依据，这些依据对促进虚拟仿真教学健康有序发展具有重大的导向作用，是从事虚拟仿真教学资源设计、开发和应用的学校与技术企业发挥各自作用，完成各自具体工作的重要参考。

3.2.1 教育行政部门层面

在高校领域，为打造高质量的虚拟仿真教学资源体系，部分高等院校、相关企事业单位和专家于 2019 年联合成立了虚拟仿真教学领域首个具有全国性影响力的开放型组织——虚拟仿真实验教学创新联盟（以下简称"联盟"）。联盟在教育部高等教育司的直接指导下开展虚拟仿真实验教学研究、咨询、指导、评估和服务等工作，联盟的第一届理事长单位为清华大学。联盟的宗旨是推进现代信息技术与实验教学项目深度融合，拓展实验教学内容广度和深度、延伸实验教学时间和空间、提升实验教学质量和水平；推动形成专业布局合理、教学效果优良、开放共享有效的高等教育信息化实验教学项目新体系；促进实现学校教学、行业应用与技术创新的融合发展。联盟的重要任务之一就是制定虚拟仿真实验教学资源设计与开发方面的规范，着力提升虚拟仿真实验教学课程的质量，促进虚拟仿真教学可持续发展。2020 年 10 月 30 日，联盟技术工作委员会组织编制的《虚拟仿真实验教学课程建设与共享应用规范（试用版）》（以下简称《规范》）正式发布。该《规范》对高校虚拟仿真实验设计原则、仿真模型的建立与设计实现、实验场景呈现、实验过程设计、实验考核设计、实验记录与分析、实验报告、教学支持与服务、共享应用与用户体验、网络安全与知识产权、研发技术规范等内容做出了较为明确的说明。该《规范》对指导高校虚拟仿真实验教学课程的建设与应用，推动建立虚拟仿真实验教学课程在内容建设、教学实践与效果、服务质量等方面的技术评价体系具有重要意义。

高校虚拟仿真实验教学课程经过近 5 年的持续建设，资源数量持续增加，已经初步建成全球第一个汇聚全部学科专业、覆盖各个层次高校、直接服务于学生和社会学习者的实验教学公共服务平台，即国家虚拟仿真实验教学课程共享平台——实验空间。2022 年，国家虚拟仿真实验教学课程共享平台要求接入实验空间的虚拟仿真实验教学课程要按照《国家虚拟仿真实验教学课程技术接口规范（2022版）》要求，与实验空间完成相关数据接口联通。实验空间作为面向全国用户的虚拟仿真教学资源共享窗口，实现路径是：用户在实验空间登录后，找到实验项目，点击"我要做实验"按钮，用户将携带实验空间分配的标签访问学校实验课程平台。用户在学校实验课程平台完成实验后，通过接口回传实验结果至实验空间平台。上述数据接口规范的制定为虚拟仿真教学资源开发过程中统一数据接口、提高开发效率提供了参考依据。

职业教育领域虚拟仿真教学资源的设计与开发，主要依据的是《职业教育示范性虚拟仿真实训基地建设指南》（以下简称《指南》），该《指南》对职业院校虚拟仿真教学资源的分类、开发目标、开发步骤、开发方式，以及兼容性、知识产权、国际服务等做出了具体要求。在校本虚拟仿真教学资源建设方面，还规定了建设效能数据指标。

除教育行政部门外，其他部委和单位也出台了若干支持和规范虚拟仿真技术行业应用的指导意见和要求，对从事虚拟仿真教学资源设计与开发的学校和技术企业具有一定的参考价值。2021 年 5 月，国家新闻出版署发布《关于开展出版业科技与标准创新示范项目试点工作的通知》（国新出发函〔2021〕21 号），提出重点聚焦大数据、人工智能、区块链、云计算、物联网、虚拟现实和增强现实等新技术在出版领域的创新研究，评选一批技术研发、标准研制等方面的优秀成果，以及在科技与标准应用方面具有示范作用的单位。在虚拟仿真资源开发方面，要求利用三维图形生成、动态环境建模、实时动作捕捉、快速渲染处理等技术优势，实现多源信息融合、感知交互、动态场景与实体行为仿真，探索与出版产品结合，提升读者阅读体验，促进出版成果形态升级。相关标准成果应具有较强的科学性、规范性、适用性、协调性、创新性、引领性。2022 年 1 月底，国家网信办就《互联网信息服务深度合成管理规定（征求意见稿）》（以下简称《规定》）公开征求意见，意见提到，深度合成技术是指利用以深度学习、虚拟现实为代表的生成合成类算法制作文本、图像、音频、视频、虚拟场景等信息的技术。《规定》指出，深度合成服务提供者应当依法对深度合成服务使用者进行真实身份信息认证；深度合成服务提供者应当加强深度合成信息内容管理，采取技术或者人工方式对深度合成服务使用者的输入数据和合成结果进行审核；建立健全用于识别违法和不良深度合成信息内容的特征库，完善入库标准、规则和程序；对违法和不良信息依法采取相应处置措施，并对相关深度合成服务使用者依法依约采取警示、限制功能、暂停服务、关闭账号等处置措施。深度合成服务提供者应当加强深度合成技术管理，定期审核、评估、验证算法机制；提供具有对人脸、人声等生物识别信息，或者可能涉及国家安全、社会公共利益的特殊物体、场景等非生物识别信息编辑功能的模型、模板等工具，应当自行开展安全评估，预防信息安全风险。该《规定》明确了在中华人民共和国境内应用深度合成技术提供互联网信息服务均适用，同时深度合成服务提供技术支持的活动也均适用。

3.2.2 企业团体层面

虚拟仿真教学资源开发规范对于企业提高开发效率，更好地服务院校需求，促进行业健康发展具有积极作用。越来越多有责任感的企业陆续投入到虚拟仿真教学资源开发中，扛起了助力教育信息化建设的大旗，部分龙头企业和相关产业联盟也相继发布了虚拟仿真教学资源开发标准。

在 2019 世界 VR 产业大会新品发布会上，首个《虚拟现实（VR）体验标准技术白皮书》发布。白皮书从虚拟现实资源的视听沉浸体验质量、观看体验质量和交互体验质量等角度，对分辨率、帧率、码率、视场角、自由度等 20 多个指标进行量化，要求开发出高质量、强体验的虚拟现实资源。

2022 年 1 月 1 日起，中国教育技术协会组织起草的团体标准《虚拟现实课程资源制作技术规范》（T/CAET 001—2021）正式实施。该标准由高校和企业共同研制，对虚拟现实课程资源的分类和开发流程，相应制作技术规范和指标要求进行了规定，适用于各类学校和培训机构进行虚拟现实课程资源的设计与开发。在虚拟现实课程资源开发步骤方面，列出了虚拟现实课程资源开发的基本步骤：首先分析教学对象，选取教学内容，确定资源制作目标，明确应用环境；其次进行脚本设计、美术设计和交互设计；然后制作虚拟资源；最后是实际应用与反馈调整。在虚拟现实课程资源技术开发流程方面，分别规范了三维建模类、全景照片类、全景视频类虚拟现实课程资源技术开发的具体流程和制作规范。

幻境科技公司基于自身从事医学类虚拟仿真教学资源开发的经验，提出虚拟仿真实验的设计要能清晰地描述实验想要验证的各种假设、设想、理论的正确性和可行性，以及能精准地表述实验所涉及的原理和知识点。虚拟仿真系统／软件必须包括实例演示、详细学习、自主学习、在线考核等重要模块。另外，虚拟仿真系统必须发送操作练习任务给学生，学生操作结束后要能生成评价报告，告知学生要改进哪些方面。教师可以通过后台了解学生的练习情况及知识掌握情况，提高教学效率和教学质量。北京润尼尔网络科技有限公司致力于虚拟仿真教学资源的开发与应用，参与了多项虚拟仿真实验资源开发与制作标准、应用与评价标准的研制。该公司在资源开发设计方面，进行了若干标准化要求，如对虚拟仿真教学资源软件进行通用功能的设置，包含首页展示、全屏显示、物品选择、视角转换、实验提示、实验重置、操作工具、实验退出等；要求对不同的虚拟仿真教学资源应设置符合教学需求的特殊功能，如机械类教学资源在设计中要有对虚拟对象的整体认知和局部认知过程，文学类教学资源在设计中需要增加学生知识水平前测、后测功能模块等。

3.2.3 学术研究层面

近年来，有不少学者开始研究虚拟仿真教学资源的设计、开发和评价。总体来说，现阶段大部分研究主要关注虚拟仿真教学资源的设计原则、开发技术选择等较为宏观的问题，对虚拟仿真教学资源设计与开发提出具体建议，特别是量化指标的研究偏少。谢幼如等提出建设虚拟仿真"金课"要有效拓展实验教学内容的广度和深度、延伸实验教学的时间和空间、提升实验教学的质量和水平，按照以学生为本的理念，突出学生的主体地位，根据学生的实际需求，设计基础型、综合设计型、综合探究型等实验项目，同时注重校企协同、合作建设，以提升知识传授、能力培养和品质塑造的效率。刘亚丰等提到，要建立虚拟仿真教学资源统筹规划建设机制，在教育部高等教育司统一协调下，通过教育部高等学校实验室建设与实验教学指导委员会、各专业教学指导委员会、国家级实验教学示范中心联席会建立每个学科专业的虚拟仿真教学资源建设指导委员会，结合各高校专业特色、学科分布、地区差异、技术储备、开发成本等因素，协调各中心有序、有步骤、分阶段建设。在虚拟仿真教学资源分类标准中包含：静态模型和动画程序两个文件属性类型；虚拟动画、仿真软件、软硬件交互程序三类开发方式；平面展示（2D）、立体展示（3D）和多维展示三种内容展现形式。此外还提出要建立虚拟仿真实验教学资源门槛准入标准，优质高水平教学资源要体现学科优势和专业特色。一些高校学科专业发展历史悠久且积淀深厚，可发挥其学科优势建设高质量教学资源。同时一些高校还拥有其他高校没有或不具备条件开设的学科专业，可建设有专业特色和地方特色的高质量教学资源。张慰等提出，随着虚拟仿真教学资源数量不断增多，深度和广度不断拓展，高校虚拟仿真实验教学资源建设需要新的要求和规范，要注重统筹规划与顶层设计，以"统一管理、集约建设、开放共享、安全稳定、个性发展"为建设原则，同时提出了基于全局视角的虚拟仿真实验教学资源支撑平台五层架构模型及虚拟仿真实验教学资源开发的技术标准和规范体系。熊宏齐等提出专业实验教学资源配置图的构建，要对实验教学资源配置要素（如实验课程、实验项目、主讲教师和辅助人员配备、每组实验人数等）支撑专业学生知识、能力、素质培养目标要求的关联矩阵进行专项建设。同时认真梳理专业现有的实验课程体系和实验内容，重构实验课程体系的结构，包括实验课程模块及层次、实验课程名称及学分或学时等。除此之外，祖强等提到，要融合现代教育理念，按学科专业门类制定统一的大规模在线开放共享虚拟仿真实验技术标准和管理规定、虚拟仿真实验仪器设备配置规范、虚拟仿真实验队伍及技术开发人员配备要求、虚拟仿真实验开发要求、虚拟仿真实验教学管理信息标准与编码规范等，统一开发虚拟仿真实验教学软件、实验课程、实验项目和实验教材等教学资源，确保虚拟仿真实验教学资源、软硬件资源、管理信息资源等内容的标准化和规范化。

2019—2021 年，教育部教育装备研究与发展中心（现已合并组建为教育部教育技术与资源发展中心）持续开展虚拟仿真教学研究，取得了一系列研究成果。张敏等提出要通过建设规范体系助力虚拟仿真实验教学的可持续发展。在相关教育主管部门、专家的大力支持下，原教育装备研究与发展中心有关课题组研究起草了《虚拟仿真实验教学项目设计规范》《虚拟仿真实验教学项目质量规范》《虚拟仿真实验教学项目应用评价规范》《虚拟仿真实验教学项目数据交换规范》。其中，《虚拟仿真实验教学项目设计规范》解决资源设计的问题，该规范是针对建设者确定具体选题之后，根据项目开发流程，在设计原则、整体设计、实验设计等方面制定的通用性规范，主要为高校的资源设计者提供参考依据，帮助教师在软件开发前做好脚本设计，解决技术选型、交互方式、操作便利、实验记录、实验指导等方面的问题。《虚拟仿真实验教学项目质量规范》解决开发技术要求问题，该规范主要对虚拟仿真实验教学资源中客观、具体、可测评的技术指标提出要求，为教师和技术开发人员提供参考。如对影响教学体验的各项指标（系统响应时间、初始运行等待时间、并发访问要求等），虚拟仿真实验教学运行环境要求（用户端设备、服务器带宽等），虚拟仿真实验资源开发要求（资源包容量、资源逼真度等），虚拟仿真实验教学管理要求（操作步骤的保存与回放、实验结果的保存和恢复、实验报告、实验评分等）进行说明。《虚拟仿真实验教学项目应用评价规范》解决应用的问题，该规范是以判定资源应用和共享情况，激励项目持续改进为目的制定的通用性评价规范。通过从实验者、教师、管理者、技术服务等不同维度选取关键的、可测评的评价参数，对虚拟仿真实验教学资源的教学效果、应用和推广情况进行评价，主要供开发、使用、支持、维护或评审虚拟仿真实验教学项目的有关人员使用。该规范围绕应用范围、应用效果和保障条件构建了含有 42 项三级评价指标的评价体系，并明确了各项指标的具体含义、权重和评价方式。《虚拟仿真实验教学项目数据交换规范》解决共享的问题，该规范是为实现资源共享，对不同高校的虚拟仿真实验教学资源和虚拟仿真实验教学管理平台之间的接口提出规范性要求，目的在于提高虚拟仿真实验教学管理平台接口统一性。2022 年，张敏等在《高质量虚拟仿真实验教学课程内涵和特征》一文中，进一步从学校课程体系化、学习内容现代化、实验方式自主化、系统质量规范化、虚拟环境装备化和教学应用常态化 6 个方面详细阐述了虚拟仿真教学资源设计和开发中应注意的问题。

总体来看，教育行政部门、企业团体和研究人员提出的虚拟仿真教学资源设计与开发依据的侧重点有所不同。教育行政部门主导的标准与规范更注重顶层设计，对未来虚拟仿真教学资源的建设与发展有指引和导向作用；企业团体较为注重技术前沿的探索与应用；学术研究领域则更关注与教学活动相关的虚拟仿真教学资源设计原则和要求。

3.3 虚拟仿真教学资源的设计与开发

在上述依据的基础上，本节进一步提出了虚拟仿真教学资源的设计与开发的全流程和注意事项，供教师和技术人员等参考。

3.3.1 虚拟仿真教学资源的设计

3.3.1.1 选题设计

虚拟仿真教学资源的选题首先要从学校人才培养的需求出发，直面培养计划制定中遇到的难题，结合行业产业发展的最新成果，适应经济社会快速发展对人才培养的新要求，设计具有前沿性的内容。针对国计民生重大需求，把本专业前沿的专业知识与其他专业领域的最新技术结合起来，形成学科交叉的综合性教学内容，创新技术增强的教学环境。高质量的虚拟仿真教学资源开发需要消耗大量的人力和物力，为了高效利用有限的开发条件，虚拟仿真教学资源应优先开发不具备运行条件或实际运行困难的实体实验，涉及高危或极端环境，高成本、高消耗、不可逆操作、大型综合训练等做不了、做不好的实体实验，解决实训教学过程中高投入、高损耗、高风险及难实施、难观摩、难再现的"三高三难"等现实问题。虚拟仿真教学资源选题要遵循"虚实结合、相互补充、能实不虚"的原则。在开始虚拟仿真教学资源设计前，要对选题的必要性进行充分论证，如果必要性不足，则及时终止后续的设计与开发工作。

3.3.1.2 场景设计

虚拟仿真教学资源的场景要方便学生在使用过程中观看和操作，需要通过场景界面、虚拟对象、环境、操作、现象的逼真呈现，使学生产生"身临其境"的感觉。虚拟仿真教学资源中的虚拟对象是指学习者直接或间接操作的对象。虚拟对象是虚拟场景的组成部分，每个虚拟对象可具备多个参数或属性，可接受学生的不同操作并发生相应的变化。虚拟场景设计是虚拟仿真教学资源设计的核心内容之一，场景要素应满足教学要求、符合逻辑、主次分明。场景设计中还包含虚拟对象周边的环境、场景及配角人物、摆放物品等设施。这些要素在学生操作过程中通常不发生变化，或者其变化既不影响虚拟对象本身，也不会受到虚拟对象变化的影响。场景设计主要是增强学生身临现场的感觉，有利于提高学生对场景的认知。

虚拟仿真教学资源的场景界面设计要让学生便于操作和了解资源信息，这有利于降低学生操作的错误率。场景界面设计的基本原则是界面友好、操作方便、用户体验好。场景界面与呈现虚拟仿真教学资源的终端装备类型有直接关系，在没有实现标准化之前，不同终端装备类型的场景界面很可能不同。虚拟仿真教学资源场景界面主要呈现以下信息内容。

（1）字幕提示　显示人物对话、背景信息、任务说明等。

（2）操作提示　训练模式下的操作提示，呈现形式有文字或语音两种。

（3）反馈信息　训练模式下的操作反馈信息或结果反馈信息，呈现形式有文字或语音两种。

（4）界面切换　常见方式有无提示的自动切换和需要有点击"上一步""下一步"等操作按钮的提示切换。

（5）按钮　包括各种按钮及其对应的信息，如"帮助""提示"按钮。

虚拟仿真教学资源的参数是操作过程涉及的重要条件、操作干预程度或重要结果。参数的变化规律是虚拟仿真教学资源状态分析的重点。

3.3.1.3　仿真推演设计

虚拟仿真教学资源通常要有输入参数或影响科学模型参数的操作。一般情况下，学生操作以后，虚拟仿真教学资源会按照预先的设计，合理采用数值查询、公示计算或迭代优化等方式进行仿真推演，学生的操作通常会对虚拟对象、虚拟现象和结果等产生影响。如果允许学生自由搭建系统并改变系统的拓扑结构后，再进行仿真推演，一般计算机需要优化迭代一段时间。

仿真计算与推演算法要与场景融合，以便反映计算或推演结果，这种融合可以采用内置式或远程调用式。内置式是指将仿真计算与推演算法内置到资源中，适用于运算量较小、算法简单的资源；远程调用式是指提供云上的仿真计算与推演计算服务，资源通过调用远程服务接口传递计算参数并获取计算结果，适用于运算量较大、算法复杂的资源。

3.3.1.4　过程设计

过程设计主要包括过程中涉及的活动设计、交互操作、现象、结果、提示与指导等方面的规范要求。

活动设计是学生使用虚拟仿真教学资源进行实践的过程设计，要从学生角度描述活动所经历的阶段、操作方法和步骤，充分体现虚拟仿真技术的直观性、交互性和构想性。活动是虚拟仿真教学资源动态交互分析的重要内容。

交互操作指的是学生与虚拟仿真教学资源之间的一种互动方式，是学生操纵资源中设定的变量、参数、行为、材料等产生某种结果的过程。交互的重要特征是实时性，即保证学生在虚拟仿真教学资源中触发的各种命令或者行为能够实时地得到响应。学生如同在真实的环境中一样，可以主动与虚拟环境中的事物发生交互，以改变虚拟对象的组成要素、特性等。交互操作是虚拟仿真教学资源设计的核心和重点，要体现学生学习过程的重要步骤。通过交互操作，可以验证该资源的教学目的和能力培养目标是否达成。

交互操作的方式用于说明学生需要使用何种输入设备与虚拟对象进行交互，以完成各种操作。交互操作有以下几种方式可供选择。

（1）键盘交互　通过键盘与虚拟对象进行交互，方便网络版共享。

（2）鼠标交互　通过鼠标与虚拟对象进行交互，方便网络版共享。

（3）语音交互　通过麦克风，依靠语音识别与虚拟对象进行交互。语音识别需要有语音识别软件支持。

（4）触摸屏交互　通过手机、平板电脑等移动设备的触摸屏直接进行交互。

（5）手柄交互　通过操作手柄等与虚拟现实技术配套的特定输入设备进行交互，该交互不便于网络版共享。

现象是指在操作过程中经过仿真推演形成，虚拟对象本身以及采用特效所表现的声、光、火、烟或形变等现象。特效、音响、动画等素材与设计脚本所述真实世界中现象的相似程度越高，学生在操作过程中的沉浸感与真实感越强，教学效果越好。结果通常以现象、仪器显示图像、系统打印数据等方式呈现给学生。结果有助于学生理解原理或验证工程设计目标。学生可以对比已有的结果，明确自己过程操作是否得当，综合判断得出结论。虚拟仿真教学资源产生的结果必须符合设计者的预期，且结果必须能够正确无误地显示。对于操作过程中重要的对象、情景、操作、现象、结果要进行多样化的提示与指导，如语音形式、文字弹框形式、视频形式、动画人物解说形式等。此外，智能指导也必不可少，智能指导是指采用人工智能技术为学生提供及时的在线指导。虚拟仿真教学资源应该给学生提供快捷准确的指导和反馈，以减轻学生的学习负担，提高学生的学习兴趣。

3.3.1.5　考核设计

考核指根据教师设置的考核内容，学生完成指定内容的考核，教师分析考核目标是否达成的方式。基于虚拟仿真教学资源的考核是考核方式上的一种创新，这种方式既不同于传统的笔试，也不同于面试。

在虚拟仿真教学资源设计中，常见的考核方式有答题考核、过程考核、结果考核、实验报告考核和综合考核5种方式。

（1）答题考核 通过选择题、填空题等形式对知识掌握程度进行考核。

（2）过程考核 主要考核流程，重点考核操作顺序、操作条件和分步结果。

（3）结果考核 结合真实流程，特别是自主设计类虚拟仿真教学资源，成绩最后根据结果生成，允许没有步骤性评分。

（4）实验报告考核 主要通过学生的实验报告评分。实验报告的模板由教师根据教学内容和虚拟仿真教学资源类型制定，考核内容包含实验报告的规范性和表达情况、绘图（表）情况、数据处理情况、学习态度和科学态度等。

（5）综合考核 主要对学生实验设计思想和方案的新颖性等要素进行考察，并综合过程的预习、敏感力、记录习惯、操作熟练程度、发现问题与解决问题的能力、各过程现象及结果的分析情况、实验的比较和推理以及概括情况、创新性以及实验报告等，给予综合评分。

学生成绩的评定有自动评定和人工评定两种形式。自动评定适合在线提交报告，学生提交后由系统自动批改，并自动生成分数、等级和相应评语。人工评定需要在线教学工作人员进行评定，给出分数、等级和相应评语。为了提高教师的工作效率，系统应该能够对学生的操作过程和结果进行自动评分，评分使用百分制或十分制均由任课教师确定。虚拟仿真教学资源系统应提供实验的成绩单、及格率、平均分、成绩分布情况等自动计算和统计功能，应能够支持生成考核报告。

3.3.1.6 数据记录设计

一般需要明确记录的数据包括4个部分：输入信息、输出结果、重要操作、结果保存与输出。

输入信息是交互操作输入的信息（含语音识别的结果）、设置的参数等。它是在操作过程中根据需要而输入的一些参数信息。

输出结果是根据输入的信息，得到一个结果数据或效果图提供给学生作为参考依据。例如，经过仿真推演，由系统输出的数值、图像、动画、语言，以及更为复杂的表格、分析曲线图、三维模型等。

重要操作是指记录重要操作的过程信息，包括场景、操作命令、命令参数、操作时间、操作次数、操作过程等。学生的操作记录应该作为学习记录完整保存。

结果保存与输出指最终结果保存的具体内容及其输出的形式。学生的操作结果应该作为一种记录进行保存。数据要真实、有记录、可评判、可回溯，并支持用户随时查看。

3.3.2　虚拟仿真教学资源的开发

虚拟仿真教学资源的开发是一项对专业能力要求较高的技术性工作，其核心任务是综合运用各种技术手段，将虚拟仿真教学资源转化为数字化载体（如虚拟仿真教学资源系统、虚拟仿真教学资源软件），准确呈现出虚拟仿真教学资源的设计内容。承担虚拟仿真教学资源开发工作的单位主要包括院校方（需求方）和技术合作方。在开发过程中，双方需要对虚拟仿真教学资源的内容脚本、教学模式和学科背景资料等进行反复研究和论证，通过对虚拟仿真教学资源的选题、教学目标、应用场景等的分析，不断进行取舍、补充、组合等加工，开发出符合"以学生为中心"理念的虚拟仿真教学资源。

3.3.2.1　开发方式

虚拟仿真教学资源的开发方式主要有以下 3 种。

（1）自主开发或半自主开发　对于有虚拟现实技术相关专业或开设有相关课程，且具备一定师资力量的院校，可以由院校自主开发或与合作方联合定制开发。这种情况下，院校对虚拟仿真教学资源具有完全自主知识产权。能够进行自主开发或半自主开发的院校并不多，主要是部分工科特色显著的高校和部分职业院校。

（2）合作开发　对于缺少虚拟现实软件开发力量的院校，应由院校方撰写虚拟仿真教学资源的内容脚本，然后委托技术合作方进行开发，但院校方要深度参与整个开发过程，把握好需求方向。合作开发适用于绝大部分高校和职业院校。

（3）购买开发　针对部分通识课程和专业基础课程，不少技术企业已经积累了大量的虚拟仿真教学资源。如果学校完全不具备资源开发能力，但是又有开展虚拟仿真教学的需求，可以直接采购技术企业的现有资源，这种情况主要出现在中小学校。由于中小学校技术能力有限，很难实现自主开发或合作开发，且中小学虚拟仿真教学资源的通用性强，可以直接采用购买开发的方式，但不提倡高校和职业院校直接购买资源。

由于合作开发是虚拟仿真教学资源开发的最主要方式，本节所描述的开发流程主要适用于院校方与技术合作方共同完成的合作开发。

3.3.2.2　合作开发流程

虚拟仿真教学资源开发步骤多、专业性强、涉及人员广。要确保虚拟仿真教学资源开发内容的科学性、技术的可靠性、造价的合理性，必须严格按照科学的工程程序运作。根据虚拟仿真教学资源开发的一般规律，完整的开发工程程序主要有 6 个阶段，分别是项目立项、需求确定、资源设计方案制定、技术开发、测试部署及试运行、项目整体验收。其中以需求确定、资源设计方案制定、技术开发、测试部署及试运行 4 个阶段为重点。

（1）项目立项 院校方成立项目小组，由组织决策者向上级部门申请，将立项文件交相关审批部门审批。立项文件包括文字、图像、表格、数据等材料。

（2）需求确定 需求确定阶段以院校方为主，一般由项目负责人或指定负责人组织召开研讨会并承担项目计划书撰写工作，然后确定技术合作方，并与技术合作方进行业务对接，沟通需求和可行性，形成需求文档，确定虚拟仿真教学资源设计大纲。

（3）资源设计方案制定 此阶段由院校方与技术合作方共同完成，院校方需要与技术合作方进行充分的业务沟通，梳理思维导图、确定界面风格、细化资源内容脚本，以保证资源设计合理、明确。整体内容设计完成后，需要通过方案评审会等形式由院校方予以确认，避免后期多次修改，影响开发进度，增加成本。

（4）技术开发 技术开发阶段主要由技术合作方完成，包括美术模型绘制、动画制作、软件开发等技术工作。院校方应对技术合作方在制作过程中所遇到的与学科专业有关的问题及时回应，提供咨询保障，稳步推进资源开发，完成虚拟仿真教学资源系统 / 软件初版制作。

（5）测试部署及试运行 此阶段由院校方与技术合作方共同完成，双方分别对资源内容和技术运行进行全方位测试，查验资源开发是否满足资源设计方案制定时的需求设置。院校方对资源中涉及的数据等细节进行完善，技术合作方对测试反馈问题进行修改，然后进行线上正式部署，包括门户网站的搭建。院校方可在学校内进行小规模试运行，后台形成并记录数据，帮助学生了解操作步骤及分数得失，方便教师观察学生学习情况，了解成绩分布详情。

（6）项目整体验收 试运行结束后，即可开展项目整体验收工作。至此，合作开发流程全部完成，正式上线运行，转入后续使用和维护阶段。

虚拟仿真教学资源合作开发流程如图 3-1 所示。

3.3.2.3 项目立项计划

在项目立项阶段，一般需要根据院校方要求或一般性原则，通过调研确定项目预算、项目内容、项目周期、预期效益、环境基础条件等要求。同时还要结合资源开发的可行性因素，如技术实现可行性、周期与成本可行性、满足教学需求的程度等，综合考虑是否立项。

（1）项目计划书撰写 项目计划书以院校方内部汇报为主，通常编写内容包括项目必要性、所需产品与服务、所需预算、项目周期及阶段计划、预期效益等。其他可参考的内容有项目名称、项目负责人及团队成员基本情况、拟解决的教学需求、项目主要内容及步骤、项目特色与创新、资源内容脚本设计思路、项目评价方法、条件和保障，以及对应的开设课程、课时数、学生数等信息。

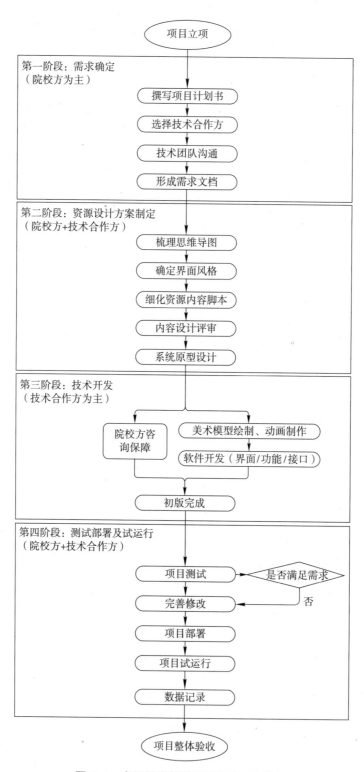

图 3-1 虚拟仿真教学资源合作开发流程

（2）技术合作方选择　综合考察技术合作方的品牌影响力、实力与规模、同类案例、产品与服务等，同时根据学校的预算匹配度合理选择技术合作方。一般选择在虚拟仿真教学领域具有一定知名度、综合实力强、有成功开发同类型案例经验，且具有本项目相关专业背景技术开发人员的企业。

（3）需求目标概述　院校方需要从教学需求出发，描述项目概要和要达成的教学要求，如资源的颗粒度与学时数、资源的步骤数量、虚拟场景逼真度、仿真推演层次、交互操作自由度、数据统计与管理等重点要素。需求目标概述一般由院校方的虚拟仿真教学资源使用及运维人员编制，篇幅宜简短、内容宜明确，院校方不必过多考虑技术实现方面的问题，技术实现可参考技术合作方开发团队的意见。院校方在确定需求目标时要综合考虑资源质量要求、成本、周期三者间的关系。

3.3.2.4　资源内容脚本设计

资源内容脚本是虚拟仿真教学资源开发的依据。资源内容脚本由教学人员主导编写，包括虚拟场景、虚拟对象、操作过程、现象，以及涉及的输入参数、结果等数据相关部分。资源内容脚本的质量直接决定虚拟仿真教学资源系统/软件的优劣，高质量的资源内容脚本，配以技术合作方提供的技术支持，才能制作出优质的虚拟仿真教学资源系统/软件。资源内容脚本的设计可分为由教学人员主导的概要脚本设计和详细脚本设计，以及由技术开发人员主导的脚本需求评审和系统原型设计4个环节。

（1）概要脚本设计　虚拟仿真教学资源设计与开发的基本依据是学科、专业、课程中的教学内容、研究成果和相关模型。院校方要根据教学需求，提出虚拟仿真教学资源开发的需求目标，由技术合作方对技术实现路径进行框定，一般包括需求规定、系统架构、运行环境、使用流程、接口方式等内容。院校方应与技术合作方人员进行充分的业务对接，沟通需求可行性，形成需求文档，撰写类似"剧本大纲"的资源内容脚本，包括资源概述、虚拟场景、涉及仪器材料、操作步骤、结果/现象、参考材料等部分。在这一阶段，不必对技术细节进行详细设计。这一环节主要是从虚拟仿真教学内容的收集、整理到撰写开发需求大纲，形成需求文档的过程。

（2）详细脚本设计　详细脚本设计是在需求大纲（包括院校方提供的相关背景资料和数据）的基础上，遵照一定的教学需求，按照虚拟仿真教学资源设计要求和规范，进行二次创作，将前期的需求大纲转化为详细脚本，这是一项基于传播学和教育学的工作。详细脚本设计负责人不仅要熟悉与虚拟仿真教学资源内容有关的学科专业知识，还需要懂得不同模块主题的展示手段和基本方法，思考如何体现出虚拟仿真教学资源的教育价值，如何合理安排资源中涉及的具体内容。这也是技术合作方不能替代院校方直接进行详细脚本设计的原因。

　　详细脚本设计可包括概要脚本中的操作步骤和过程、所需参数、数据与算法、注意事项、资料清单等详细资料，要整合形成逻辑清晰的文档。

　　首先，由院校方负责人编写类似"剧本"的脚本，再由技术合作方设计人员根据内容脚本进行二度创作，并绘制原型设计图，梳理思维导图。这个工作过程类似"编剧"，需要撰写好虚拟场景、操作步骤和过程、现象和结果等所有细节。详细脚本编写基本流程为：资源选题研究、资源内容研究、学术资料整理、确定资源制作目的与必要性、确定资源基本内容、规划资源基本结构、安排资源结构层次、研究资源的重点和亮点、添加合适的素材与数据资料、编写文字大纲、确定表述形式、与技术人员沟通。

　　（3）脚本需求评审　脚本需求评审是院校方和技术合作方共同对脚本进行全方位的审视。院校方要从自身需求角度出发，讨论并明确现有脚本是否符合需求，是否需要增加、删除或修改部分内容。技术合作方从技术实现角度出发，讨论并确定实现脚本需求的技术可行性（包括美术资源、程序功能、接口定义等）、设计质量、实现成本、所需时间等。技术合作方需要对脚本中涉及的各项任务做出明确进度安排，并征求院校方意见。

　　（4）系统原型设计　系统原型设计阶段要完全明确所有需求细节，对虚拟仿真教学资源最终的软件界面风格、交互内容、显示信息细节等进行图形化设计和规定。系统原型设计文稿是资源开发的最终"蓝图"，应该是接近于最终产品的可交互图形化演示文稿，能详细演示交互过程及其涉及的关键信息。系统原型由技术合作方的产品经理进行设计，然后带领其开发团队一起推敲所有细节，最后还要邀请院校方适当参与论证，以保证设计质量。同时，产品经理还需要考虑操作人性化、技术性能、后续扩展性等隐形需求，并尽量在原型设计中体现出来。

3.3.2.5　技术开发

　　虚拟仿真教学资源的技术开发一定要在需求已经完全明确，详细脚本设计完成，系统原型设计评定后方可进行。技术开发主要包含 4 个方面。

　　（1）美术模型及动画开发　技术开发中最基础（最先开始进行）的是图像和相关美术模型的制作，如三维虚拟场景、设备、器材、人物模型及配套的三维动画或素材开发，虚拟场景越多的虚拟仿真教学资源，也就需要越长的周期制作三维模型、平面素材等。美术模型的制作是技术开发中的重要部分，美术模型的优劣直接关系到虚拟仿真教学资源的质量，特别是完成后的逼真度，包括虚拟场景逼真度、虚拟对象逼真度、操作逼真度、现象逼真度等。除了要保证美术模型的科学、美观外，技术人员还需要在制作初期就设计好对应的动画、程序的功能与效果，以及对计算机等硬件终端的性能要求。美术模型制作及动画开发是一项既需要审美能力，又考验开发技术的工作。

（2）软件界面开发 软件界面开发是指由程序员按照产品经理所提供的系统原型设计文稿，进行虚拟仿真教学资源软件界面的布局和功能开发。该过程由产品经理主导，程序员具体执行，要确保软件界面完全按照需求目标开发，达到美观、易用、符合用户操作流程和习惯等要求。

（3）软件功能开发 软件功能开发是技术开发过程中周期最长的环节，一方面需要开发虚拟仿真教学资源所涉及的表现型功能，如各种操作和现象；另一方面还需要开发教学管理功能，如数据记录、评分、实验报告等。每开发一个功能模块后，都要立即进行单元测试，以保证此单元符合需求目标和技术要求。软件开发完成后，可以进行发布，按照需求目标逐一测试操作过程，查看结果和现象，评估该软件是否与预期效果相符。在此阶段，需要由院校方安排相关的学科专家主导审核，以便及时发现虚拟仿真教学资源软件中存在的科学性、准确性等问题，并加以完善。最后在院校方和技术合作方的共同努力下，使软件功能开发符合需求目标，功能完善，运行无异常。

（4）数据接口开发 数据接口开发是指虚拟仿真教学资源软件与虚拟仿真教学管理平台之间的数据接口的设计与实现。一般来说，如果虚拟仿真教学资源软件的功能和产生的数据符合现行数据接口规范，则不需要过多考虑接口问题，按照虚拟仿真教学管理平台的通用方法完成对接即可。如果需要保存或读取特殊格式数据，则要定制专用数据接口。

尽管虚拟仿真教学资源开发是一项技术性工作，一般以技术合作方为主体，但在资源开发过程中，相关学科知识及教学需求咨询保障具有极其重要的作用。院校方掌握学科知识及教学需求，技术合作方掌握开发技术，资源开发过程中院校方和技术合作方应紧密配合，积极沟通。院校方提供的学科知识及教学需求咨询保障甚至具有比开发技术更为重要的地位，是资源开发的指挥棒。在咨询过程中，院校方除了要提供基本资料外，还要定期审核技术设计稿（如原型设计文稿、界面设计效果）等阶段性开发成果，以确保虚拟仿真教学资源开发符合教学需求。

3.3.2.6 测试部署

测试部署的目的是为了在虚拟仿真教学资源软件正式上线运行之前，及时发现并解决可能存在的各类问题。如果测试结果不及预期，则要认真分析原因，做出调整，特殊情况下院校方甚至可以对项目的需求目标进行微调。测试部署一般分为开发团队内部的集成测试和部署测试，以及用户团队的业务测试和修改完善4个阶段。

（1）集成测试 软件上线运行之前，开发团队要在其内部服务器进行虚拟仿真教学资源、虚拟仿真教学管理平台以及终端装备等的集成和联调联试，因为有些异常错误在单元测试中不会出现，必须进行联调联试才能发现。集成测试时要编写测试记录，协调开发团队人员合作解决出现的异常问题。

（2）部署测试 通过集成测试之后，企业的开发团队还要与院校方沟通，进一步在用户方的服务器上进行部署测试。这一步是将项目涉及的虚拟仿真教学资源、虚拟仿真教学管理平台等从开发团队的服务器迁移到用户方的服务器，由于更换了服务器环境，开发团队需要再次进行通过性测试。部署测试能够及时发现和解决诸如服务器并发性能不足、资源加载错误、弹出异常窗口等问题。

（3）业务测试 用户团队的业务测试是所有测试部署阶段中最权威、最重要的环节，也是最后一道关口。院校方可以把开发完成的软件当作一个"黑盒"，进行触发条件随机性测试，也可以编写比较全面的测试用例（即从用户使用角度，列出可能涉及的操作、输入参数等的列表，后续照单测试），对虚拟仿真教学资源软件的所有功能、界面等进行全面测试。

（4）修改完善 在完成业务测试后，技术合作方的人员要根据用户业务测试的结果，再次进行微调。为了使虚拟仿真教学资源软件和虚拟仿真教学管理平台的运行达到最优状态，不排除需要适当修改需求目标，通常修改完善阶段以不超过整体项目成本和开发周期的 10% 为宜。修改完善之后，还需要重复开发团队的集成测试、部署测试和用户团队的业务测试，直到解决运行中遇到的所有问题。

3.3.2.7 试运行

在完成部署测试后，一般虚拟仿真教学资源软件还需要试运行一个小周期，并对产生的数据进行记录和分析。

（1）上线试运行 此阶段可以面向真实用户上线试运行。为慎重起见，此时虚拟仿真教学资源软件仍然可以运行内测数据。

（2）上线数据记录和分析 院校方和技术合作方人员要分别对试运行阶段产生的数据进行分析。院校方主要分析虚拟仿真教学开展的相关数据，如使用人数、使用时长、学生分数等，以评价该虚拟仿真教学资源软件是否能满足教学需求，达成预设的教学目标。技术合作方则要重点分析虚拟仿真教学资源软件运行方面的数据，如有无异常数据产生、学生数据是否准确等。

第 4 章

虚拟仿真教学装备

4.1 虚拟仿真教学终端装备

虚拟仿真教学活动的开展离不开各类虚拟仿真教学装备的支持。有效利用各种虚拟仿真教学装备，打造沉浸感更强、交互方式更丰富、资源运行更流畅的新型虚拟仿真教学环境，以满足学校多样化的虚拟仿真教学需求是未来的发展方向。

按照呈现形式，常见虚拟仿真教学终端装备可分为大屏型、桌面型、头戴型、专用型和移动型。不同的终端装备各有特点，适用于不同的教学场景，在虚拟仿真教学环境建设时，终端装备的选择要适应和满足教学目标，与虚拟仿真教学资源类型和具体内容相匹配，而不是盲目追求装备的高端和技术的炫酷。

4.1.1 大屏型

4.1.1.1 常见大屏型装备的种类

根据呈现形式的不同，常见大屏型装备有三种：多通道投影大屏幕立体显示系统、LED 大屏幕立体显示系统和洞穴式虚拟现实系统（cave automatic virtual environment，简称 CAVE 系统）。

多通道投影大屏幕立体显示系统是将多台投影机组成一个弧形阵列，利用数字几何矫正（即非线性失真矫正）技术、多通道视景同步控制技术、数字图像边缘融合技术等，将计算机生成的三维数字影像实时同步输出并显示在具有一定半径和弧度的巨幅环形投影屏幕上，从而形成一个具有极高分辨率、无任何变形失真的数字三维立体影像。环幕半径通常为 120°、135°、180°、240°、270°、360°。与普通投影相比，多通道投影大屏幕立体显示系统具备更大的显示尺寸、更宽的视野、更多的显示内容、更高的显示分辨率，以及更具冲击力和沉浸感的视觉效果。从显示原理来说，多通道投影大屏幕立体显示系统大多属于被动立体显示，人眼需要借助偏振眼镜，左右两片偏振镜的偏振轴互相垂直并与放映镜头前的偏振轴一致，每只眼睛只看到相应的偏振光图像：左眼只能看到左机映出的画面，右眼只能看到右机映出的画面，从而产生立体感觉。

LED 大屏幕立体显示系统是通过控制半导体发光二极管显示图像信息，配合 3D 视频处理器可以实现立体显示功能。LED 显示屏可以由多块屏幕随意拼接，造型多样。LED 显示屏间距通常为 1.2 mm、1.5 mm、1.8 mm、2.0 mm、2.5 mm 不等，通常室内应用的 LED 显示屏间距不超过 2.0 mm，该数值越小画面显示越清晰，但价格也越高。LED 大屏幕立体显示系统多属于主动立体显示,人眼借助主动立体眼镜等视觉辅助工具感受立体显示效果。

CAVE 系统由 3 个面（含）以上硬质背投影墙组成,从而产生一个被三维立体投影画面包围的供多人使用、完全沉浸式的虚拟环境。所有参与者均完全沉浸在一个被立体投影画面包围的虚拟环境中,获得一种身临其境的高分辨率三维立体视听影像和六自由度交互感受。CAVE 系统的屏幕组成通常为三屏和一地幕,其特点是分辨率高、沉浸感强、交互性好。CAVE 系统可以采用高性能的主动或被动立体显示技术,通常以 4 台或 6 台高性能联网的个人计算机作为一个并行计算集群系统,替代昂贵的 UNIX 图形工作站,每台个人计算机工作站分别负责 CAVE 系统中一个投影面的立体影像绘制工作,并通过网络同步控制技术和变形矫正算法,使每台工作站绘制的场景分别同步无失真地显示输出,并投射在相应的立方体投影面上,从而产生一个完全沉浸式的体验空间。

4.1.1.2　大屏型装备的组成

一般来说,大屏型装备由公共显示部分、数据处理中心、用户控制中心三部分组成。其中,公共显示部分是多通道投影大屏幕、投影机、LED 显示屏、硬质背投影墙等,负责呈现立体显示效果;数据处理中心一般由图形工作站、画面控制器等组成,负责各类数据、图像的生成与处理;用户控制中心包括多媒体操作台和各类交互设备,如传统的鼠标、键盘、功能手柄、数据手套以及动作捕捉设备等,用于实现使用者和终端的交互（图 4-1）。

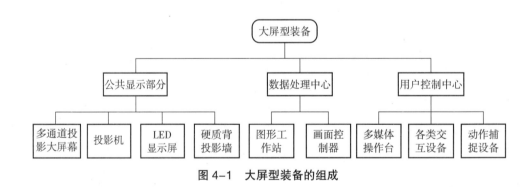

图 4-1　大屏型装备的组成

4.1.1.3　大屏型装备的特点

大屏型装备的主要性能指标有分辨率、亮度、刷新率、可视角度等。总的来说,大屏型装备都具有较高的分辨率、较高的屏幕刷新率、超宽的视角。与普通屏幕相比,大屏型装备可以显示出更多的画面细节,无缝边缘融合技术在很大程度上保证了图像的完美性和颜色的一致性,可以给人们带来非凡的视觉冲击,可以让学生在有限的教室空间内观看到更广的画面,确保全体学生都能够看到教学内容。

　　三种常见大屏型装备的主要性能指标有所差异。如由于 LED 显示屏的灯珠都是裸露的，所以其亮度非常高，而且支持调节，在采光好的环境下可以调高 LED 显示屏的亮度，以免产生反光的情况；而在室内等一般性采光条件下，又可以调低显示屏的亮度，以减少对眼睛的刺激。LED 显示屏对使用环境中光的亮度范围没有强制要求，相较之下，多通道投影大屏幕立体显示系统和 CAVE 系统在使用时就要求环境光的亮度较低，需要遮挡环境光和关闭室内灯光才能达到最佳视觉效果。三种常见大屏型装备的性能指标对比详见表 4-1。

表 4-1　常见大屏型装备的主要性能指标对比

名称	多通道投影大屏幕立体显示系统	LED 大屏幕立体显示系统	CAVE 系统
分辨率	2 K ~ 8 K	2 K ~ 4 K	6 K ~ 10 K
亮度	5 k ~ 10 k lm	5 000 ~ 8 000 cd/m²	5 k ~ 10 k lm
刷新率	60 ~ 120 Hz	3 840 Hz	60 ~ 120 Hz
可视角度	120° ~ 360°	120° ~ 160°	270° ~ 360°
物理拼缝	无拼缝	小于 1 mm	小于 1 mm
色彩饱和度	91%	97%	91%
一致性	多通道融合后亮度色彩均匀，但衰减不一致	单点色彩、亮度可调，亮度色彩均匀，整屏均匀一致	多通道融合后亮度色彩均匀，但衰减不一致
使用寿命	不低于 2×10^4 h	不低于 1×10^5 h	不低于 2×10^4 h
适应环境	亮度低，对环境光有一定要求	亮度可调，对环境光无要求	亮度低，对环境光有一定要求

　　近年来，LED 大屏幕立体显示系统的市场占有率逐渐提高，这是因为随着 LED 产业制造能力的发展，LED 显示屏的成本大大降低，促进了 LED 显示屏市场应用规模的显著提升。户外大型全彩 LED 显示屏已经从几年前的地标性高端产品变成了一般性户外广告手段。另一方面，由于多通道投影大屏幕立体显示系统需要安装吊架或反光镜等，并且要求环境光要保持低亮度，投影方向有可能产生遮挡等问题，其在安装、使用、维护方面相较于 LED 大屏幕立体显示系统略有不足。多通道投影大屏幕立体显示系统正逐渐被 LED 大屏幕立体显示系统所替代，LED 显示屏几乎成为唯一适合在室外环境下大规模使用的显示技术。正因 LED 大屏幕立体显示系统的应用需求逐渐上升，针对 LED 显示屏的有关技术规范也陆续出台，包括《LED 显示屏通用规范》（SJ/T 11141—2012）、《LED 显示屏技术规范》（DB 35/T 1304—2017）等。这些标准对 LED 显示屏的色彩还原性、色块色差、马赛克

现象、平整度、亮度、视角、白平衡效果等指标作出了详细要求。

当然，大屏型装备也存在一些不足，如场地面积需求大、成本高、维修困难等。首先，在物理空间上，大屏型装备需要较为广阔的空间，即使是紧凑型 CAVE 系统也需要至少 4 m³ 以上的空间布置，而多通道投影大屏幕立体显示系统和 LED 大屏幕立体显示系统则可以根据实际需要进行扩展。其次，在价格方面，大屏型装备往往需要大面积、多数量的显示器，这就导致它们的成本远高于小体量的设备。再次，在设备安装和维修方面，由于大屏型装备涉及的配件比较多，不允许非专业人员随意操作或更改，一旦出现问题想要修复，只能由专业的技术人员上门进行调试、更换，这样就增加了售后费用。如 LED 显示屏的灯珠在运输、安装与使用中经常会发生掉落，导致个别像素点不亮的情况出现，影响整体的图像显示效果。再如为了避免潮湿、震动、高温等因素的不利影响，一般多通道投影大屏幕立体显示系统每经过 1 个月的使用周期后，需要再次进行调试，以保证显示清晰度。此外，使用者日常的不当操作也会引起一些小故障。

4.1.1.4　适用场景

大屏型装备主要适用于以下两类教学场景：一是集体教学，能满足至少一个班级的一对多课堂教学，师生共同沉浸在同一虚拟环境中，以教师为主进行讲授，学生观看、听讲，可作为常规大班集体教学形态；二是成果展示，常用于单位科研、教学、实验实践成果的展示，可提升单位形象，发挥引领示范作用。大屏互动作为一种有效的宣传手段，能够让观众更好地了解信息，并且还能够通过互动来调节气氛。

4.1.2　桌面型

桌面型装备主要有个人计算机和桌面 VR 交互系统两种。其中，个人计算机是大家最熟悉、使用最广泛的虚拟仿真教学终端装备，传统的虚拟仿真教学环境大多是以学校的计算机机房为基础建设或改造的。作为虚拟仿真教学终端的个人计算机，其主要特点是要具备高性能独立显卡，以满足虚拟仿真教学资源流畅、清晰运行的需要。个人计算机设备使用便捷、成本较低，但是沉浸感较差，不能很好地满足对沉浸感和交互性要求较高的学科（如机械、心理学、艺术、医学等），以及特定教育场景（如安全教育等）的需求。由于个人计算机已经十分普及，这里不再单独介绍。本节主要介绍另一种桌面型虚拟仿真教学终端装备——桌面 VR 交互系统。

4.1.2.1　桌面 VR 交互系统的组成

桌面 VR 交互系统是一套基于普通个人计算机平台的小型桌面虚拟现实系统。

使用个人计算机或初级图形工作站仿真，计算机屏幕作为用户观察虚拟环境的窗口。用户坐在立体显示器前，佩戴立体眼镜，可以浏览虚拟世界，利用位置跟踪器、数据手套或者六自由度的三维空间鼠标等设备操作虚拟场景中的各种对象。

桌面 VR 交互系统由显示单元、交互单元、定位单元和数据处理单元组成。显示单元主要是桌面立体显示器，可用来观看虚拟三维场景效果，它所带来的立体视觉能使参与者产生一定程度的沉浸感。有时为了增强沉浸感，还可以借助专业的投影机，达到增大屏幕范围和允许多人观看的目的。交互单元包括触控笔、3D 跟踪眼镜、键盘和鼠标等设备，用于将原始数据输入系统中。定位单元是红外空间定位相机等空间位置跟踪器，主要用于使用者的头部和手部跟踪定位。数据处理单元一般为专业图形工作站，完成输入信号的处理和实时渲染交互，数据处理单元配有校对软件，便于设备自身的维护和调校。桌面 VR 交互系统对显卡、内存有较高要求，一般要求为独立显卡，显存容量大于 4 GB，内存容量大于 8 GB（图 4-2）。

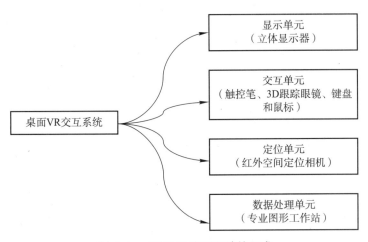

图 4-2　桌面 VR 交互系统的组成

4.1.2.2　桌面 VR 交互系统的特点

对使用者来说，桌面 VR 交互系统的操作难度低，学习者通过计算机屏幕就可以观察虚拟世界，与桌面 VR 交互系统配套的眼镜能够为使用者营造较好的三维立体显示效果，产生较强的沉浸感。交互的操作方式灵活多样，用户既能够用鼠标、键盘交互，还能够使用具有空间定位功能的触控笔进行交互。触控笔可以识别精细动作，持笔操作灵活简便，操作体验可与视觉精准匹配。

与大屏型装备相比，桌面 VR 交互系统的优势是整体占地面积较小，在个人计算机基础上增加数据手套、空间位置跟踪设备等即可实现，成本更低，比较适合刚刚开始从事虚拟仿真教学的单位和个人使用。与头戴型装备相比，桌面 VR 交互系统所采用的 3D 跟踪眼镜十分轻便、佩戴舒适、不需要充电，即使长时间使用也不会感到头晕，适应性很强。桌面 VR 交互系统的不足之处在于，用户处于"不完全沉浸"中，即使戴上立体眼镜，用户仍然容易受到周围现实环境的干扰。

目前，大量虚拟仿真领域的开发人员、教学人员使用桌面 VR 交互系统，桌面 VR 交互系统在 K12 学校、高等院校和职业院校均得到广泛应用。从市场情况来看，桌面 VR 交互系统的代表性品牌有极倍（zSpace）、未来立体和未来感知。极倍的优势在于产品的高集成度，稳定性好；未来立体和未来感知由于采用了可插拔式主机设计，更加有利于运输、搭建和维护。详细对比参见表 4-2。

表 4-2　桌面 VR 交互系统代表性产品对比

品牌	极倍（zSpace）	未来立体	未来感知
代表型号	S370	GC3000	A610
产品图像			
系统配置	i7 处理器 /16 GB 内存	i5 处理器 /16 GB 内存，分体式设计可更换	i7 处理器 /16 GB 内存，分体式设计可更换
显示分辨率	1 920 × 1 080	1 920 × 1 080	1 920 × 1 080
刷新率	120 Hz	120 Hz	120 Hz
可视角度	160°	160°	160°
定位设备	光学红外相机	光学红外相机	光学红外相机
特点	偏光式显示，高集成度	偏光式显示，插拔式主机设计	主动式显示，插拔式主机设计

4.1.2.3　适用场景

由于桌面 VR 交互系统既能满足佩戴立体眼镜的单人观看，又能满足一人操作、多人从旁观看的需要，所以既能够支持一人一台设备的单人操作，也能配合外接大型显示设备，满足小组教学或大班教学等场景。师生可通过桌面级小尺寸范围内的精细操控定位虚拟物品，特别适合以实训操作为主要教学手段的专业。例如，在虚拟心脏手术中，对虚拟手术刀的精准操控可以由触控笔来精准模拟，同时佩戴立体眼镜的用户能体验到操控感知与立体视觉的完美融合。贵重、精密仪器设备的结构展示与拆装练习，精细结构如人体器官、分子原子结构的认知等教学场景均可利用桌面 VR 交互系统完成。

4.1.3 头戴型

4.1.3.1 常见头戴型装备的种类

从呈现形式来看，头戴型装备主要有头戴式 VR 交互系统、头戴式 AR 交互系统和头戴式 MR 交互系统三种类型。其中，头戴式 VR 交互系统使用最广泛，本节主要介绍该类系统，同时对比介绍头戴式 AR 交互系统和头戴式 MR 交互系统。

这三种装备的区别是，VR 系统用于使用者需要完全沉浸在虚拟场景中，并对使用者进行动作识别和定位的场景，使用者在戴上完全不透明的 VR 头盔后，会进入一个纯虚拟的世界，与外部世界没有联系；AR 系统和 MR 系统使用的是具有透明显示功能的眼镜，AR 系统把虚拟物体叠加到真实世界中；MR 系统将使用者所处的真实世界与虚拟场景融合在一起，形成一个实时影像，在虚拟世界、现实世界和使用者之间建立起一个交互反馈的信息回路。简单来说，VR 系统能让人完全沉浸在虚拟环境中；AR 系统是在真实世界中创建一个虚拟物体，但虚拟物体不能与真实环境交互，使用者与虚拟物体的交互依赖特定的交互工具（如手柄）；MR 系统则可以实现虚拟与现实的混合，创造出可以与真实环境交互的虚拟物体，人可以通过手势识别直接操控虚拟物体。

在外观上，用户很容易将 MR 系统与 AR 系统混淆，辨别的基本依据是：①虚拟物体的相对位置是否随现实世界物体的移动而移动。如果是，就是 AR 系统；如果不是，就是 MR 系统。②在理想状态下（数字光场没有信息损失），虚拟物体与真实物体是否能容易地区分出来。用户可以明显看出 AR 系统创造的虚拟物体是虚拟的，而在 MR 系统中，用户看到的虚拟物体与真实物体几乎无法区分。

4.1.3.2 头戴型装备的组成

以头戴式 VR 交互系统为例，头戴型装备一般包括显示单元、交互单元、定位单元和数据处理单元（图 4-3）。

显示单元包括显示屏和透镜两部分，透镜负责聚焦光线，显示屏的影像经过透镜折射，产生全像视觉。高性能显示屏必须具有足够高的像素密度来显示清晰的

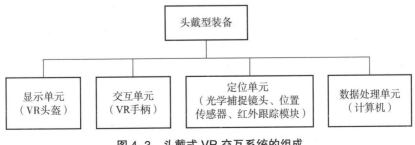

图 4-3　头戴式 VR 交互系统的组成

图像，并且屏幕刷新率要足够快，这样用户看到的画面才会流畅。市场上的代表性产品，如 HTC Vive 和 Meta Quest 都采用了两块显示屏，一只眼睛对应一块，可达到每秒 90 帧的屏幕刷新率。同时，显示屏还要有较宽广的可视角度，人类的水平视场角大约是 200°，市场上的头戴式 VR 交互系统一般能达到 100°。透镜的作用是"欺骗"使用者的眼睛，让使用者感觉所见的是一片广阔的空间，很多头戴式 VR 交互系统都采用了特殊的菲涅耳透镜。显示单元利用交错显示、画面交换、视差融合等技术，使左右眼对应的屏幕分别显示不同的图像，从而实现立体显示效果。为了提高用户的体验感，有的头戴式 VR 交互系统还会在显示单元里内置焦点调试器，增加可调试范围，从而根据用户的视力来进行适配，解决需要佩戴传统眼镜使用 VR 头盔的问题。

头戴式 VR 交互系统的交互单元包括 VR 手柄等控制器和音频模块，允许使用者与虚拟对象进行充分交互。一般来说，控制器会配备磁力计、加速度计、陀螺仪等，从而实现对使用者动作的亚毫米级的精准跟踪。音频模块如内置耳机，可以产生 3D 音频，使用户感受到来自不同方向的声音，内置麦克风支持用户在虚拟环境中进行语音交流。

头戴式 VR 交互系统的定位单元包括光学捕捉镜头、位置传感器、红外跟踪模块等。当使用者环顾四周时，定位单元必须以亚毫米级的精度跟踪头部、手部运动，这时就需要通过各种内置传感器加以实现。有了传感器提供的各种数据，就可以实现真正的六自由度，即沿直角坐标轴 x、y、z 三个方向的移动自由度和绕这三个坐标轴的转动自由度。还有一些头戴式 VR 交互系统增设了范围检测与限制装置，用来限制使用者的实际活动位置。例如，HTC Vive 的前置摄像头可以检测使用者是否离开了虚拟空间的边界，当使用者快要撞上墙壁或家具时会发送提示，让使用者知道自己已经到达了虚拟空间的边缘。

头戴式 VR 交互系统的数据处理单元主要是指计算机。头戴式 VR 交互系统可大致分为外接式和一体式。一体式 VR 交互系统的数据处理单元内置在 VR 头盔中，外接式 VR 交互系统的 VR 头盔没有计算能力，需要另外配备高性能计算机来实现数据计算功能。外接式 VR 交互系统由于连接了高性能计算机，运算速度快，体验感好，可用于对交互性、实时性等要求较高的虚拟仿真教学资源的运行，缺点是会受到连接数据线的空间束缚，活动范围有限。一体式 VR 交互系统则无须借助外接计算机，优点是便携，但由于内置的处理器配置一般较低，流畅性不如外接式设备，通常用于观看虚拟现实视频，在个人及家庭市场较受欢迎。

近年来，随着头戴式 VR 交互系统的普及，为了规范该类产品的生产和应用，国家出台了有关标准。2019 年 12 月 10 日，国家市场监督管理总局、国家标准化管理委员会联合发布《信息技术——虚拟现实头戴式显示设备通用规范》（GB/T

38259—2019），该标准于 2020 年 7 月 1 日正式实施，适用于头戴式 VR 交互系统的设计、制造、检验、检测和应用。该标准对头戴式 VR 交互系统的外观结构、安全性能、电源适应能力、电磁兼容性、环境适应性、可靠性、限用物质的限量、显示分辨率、显示刷新率、亮度对比度、虚像距离、中心角分辨率、系统移动延迟、散热性等多个指标做出了规范性要求。例如，在外观和结构方面，要求操作开关和按键灵活、可靠、方便，锁紧装置不得自行释放；产品表面说明功能的文字、符号和标志要求清晰、端正、牢固；视场角≥60°，有效像素比≥65% 等。2022 年 1 月 24 日，中山大学中山眼科中心联合中国食品药品检定研究院、中国电子技术标准化研究院、中国科学院苏州生物医学工程技术研究所等单位共同完成了我国首个虚拟现实视觉健康团体标准《虚拟现实产品视觉健康影响评价方法》（T/CSBME 052—2022）。该标准提出了虚拟现实产品视觉健康评价方法、评价流程以及与视觉健康相关的关键指标，包括人群的双眼调节 / 辐辏功能客观体征（调节反应、AC/A）、泪膜功能客观体征（首次泪膜破裂时间）、视觉疲劳评分和基础视功能指标（视力、眼压）。

　　头戴式 AR 交互系统和 MR 交互系统也由显示单元、交互单元、定位单元和数据处理单元共同组成。对比来看，头戴式 VR、AR 和 MR 设备在组成上的区别主要在于显示单元，这种差异主要是由于实际显示效果的不同而产生的。在显示方面，VR 头盔是一个完全不透明的设备，通过严格的物理隔离，使用户完全沉浸在虚拟世界里，用户只能看到计算机产生的完全虚拟世界，而头戴式 AR 和 MR 交互系统所使用的眼镜则可以使用户同时看清现实世界和重叠在上面的虚拟图像。AR 眼镜采用的是光学透视（optical see-through，OST）技术，用户可以直接透过透明镜片看到真实世界，并通过反射或投影方式看到虚拟环境和对象。在 AR 交互系统中，由于虚拟物体要叠加到真实环境上，AR 交互系统需要一个摄像头进行实景拍摄，然后在这个实景上叠加虚拟的物品。MR 交互系统最主要的设备是 MR 全息头盔。MR 全息头盔是一台包含了全息显示技术的计算机，特点是摆脱了线缆的束缚，不需要额外的高性能计算机支持，便可将全息影像呈现在现实环境中，可实现高清立体显示、同步定位、图形搭建、手势识别与追踪等功能。

4.1.3.3　头戴型装备的特点

　　头戴式 VR 交互系统具有以下特点：①高度的沉浸感。头戴式 VR 交互系统创造了与真实世界完全隔离的环境，使得操作者不受外界的干扰，完全沉浸在计算机营造的虚拟环境中。②支持较大范围内的移动式交互。头戴式 VR 交互系统可以在数米范围内为使用者提供更加真实、生动的交互体验，使用者在虚拟环境中可实现移动、跳跃、奔跑、选择等多种交互操作，同时根据使用者需求，可以模拟出画笔、机械工具、化学仪器等多种虚拟交互设备。③精准的身体空间定位。采用光学捕捉镜头，可实现对 VR 头盔和 VR 手柄毫米级的精准定位，同时精准识别使用者的转动姿态，使用者可以用头部、手部的移动、转动等动作完成操作。

头戴式 VR 交互系统的不足之处是视场边缘的图像失真、设备笨重，且易造成使用者眩晕等。市场上的 VR 交互产品重量为 400~800 g，长时间佩戴的舒适度不足；眩晕感可通过提高显示单元的分辨率、可视角度和屏幕刷新率等方法降低。

截至 2022 年，全球有超过 200 家从事头戴式 VR 交互系统研发和生产的公司，包括亚马逊、苹果、Meta、谷歌、微软、索尼、三星等国际知名公司。头戴式 VR 交互系统的三大主流品牌是 Meta、PICO 和 HTC，三者的主要性能对比见表 4-3。总体来说，与前两者相比，HTC Vive Pro 既有一体式设计，又有外接式设计。外接式设备的穿戴更加烦琐，重量大，舒适性较差；但是外接计算机配置更加灵活，分辨率更高。此外，红外激光定位更加精准，因此 HTC Vive 更加适合呈现复杂、大型的虚拟场景。Meta Quest 2 和 PICO Neo3 Pro 由于没有线缆束缚，支持自由行走，使用者体验更加舒适和便携。此外，Meta Quest 2 采用手柄 + 手势追踪技术，支持无线串流；PICO Neo3 Pro 采用手柄交互，兼容性较好，支持多种串流。

与头戴式 VR 交互系统相比，头戴式 AR 交互系统的特点包括：①真实世界和虚拟物品融合显示，用户可利用手柄等交互设备操控虚拟物品。②便携性。AR 眼镜体积小、重量轻、可随时随地使用，可使用手机等移动设备进行操作，无须外接辅助设备。③经济性。设备简单，建设成本低。头戴式 AR 交互系统的代表性品牌有爱普生和亮风台（HiAR）。爱普生 BT-40 AR 眼镜可以通过线缆和手机连接使用，配置更加灵活，显示分辨率、亮度和对比度等更高。HiAR G200 的亮点在于支持快速对焦以及双色温闪光灯和双相机设置，更利于实现远程协助（表 4-4）。

表 4-3 头戴式 VR 交互系统代表性产品对比

品牌	Meta	PICO	HTC
代表型号	Quest 2	Neo3 Pro	Vive Pro
产品图像			
系统配置	高通骁龙 XR2 处理器 / 6 GB 内存	高通骁龙 XR2 处理器 / 6 GB 内存	外接式设计，需要外接计算机，配置灵活
显示分辨率	双眼分辨率 3 664 × 1 920	双眼分辨率 3 664 × 1 920	双眼分辨率 2 880 × 1 600
刷新率	72/90/120 Hz	72/90 Hz	90 Hz
可视角度	100°	98°	110°

续表

品牌	Meta	PICO	HTC
定位设备	外置光学摄像头	外置光学摄像头	红外激光定位
重量	500 g	620 g	785 g
特点	一体式设计，支持自由行走，便携；采用手势追踪；支持无线串流	一体式设计，支持自由行走，便携；支持多种串流	定位精准，适合呈现复杂、大型虚拟场景

表 4-4 头戴式 AR 交互系统代表性产品对比

品牌	爱普生	HiAR
代表型号	BT-40	G200
产品图像		
系统配置	可配合手机使用，配置较为灵活	高通骁龙 820 处理器 /4 GB 内存
显示分辨率	1 920 × 1 080	1 280 × 720
可视角度	34°	40°
重量	95 g	80 g
特点	亮度可达 1 000 cd/m^2，对比度可达 500 000∶1	支持快速对焦以及双色温闪光灯、双相机设置，更利于实现远程协助

相比之下，头戴式 MR 交互系统的价格要昂贵得多，因为它同时具有 AR 的透视和 VR 的交互功能，市场上两款主流 MR 产品，Hololens 2 和 Rhino X 的售价均超过 2 万元人民币，影响了该类产品的规模化应用。Hololens 2 是微软公司研发的头戴式 MR 交互系统，其 Cortana 语音识别和 SLAM 定位技术领先业内。Hololens 2 的机身由碳纤维制成，设备轻，佩带舒适。燧光 Rhino X 的优势在于观看视野更大，显示分辨率更高。在交互方面，Hololens 2 采用手势追踪技术，Rhino X 采用手柄交互，精确度更高。两款产品的对比见表 4-5。

表 4-5 头戴式 MR 交互系统代表性产品对比

品牌	微软	燧光
代表型号	Hololens 2	Rhino X
产品图像		

续表

品牌	微软	燧光
系统配置	高通骁龙850处理器/4 GB内存	高通骁龙835处理器/6 GB内存
显示分辨率	1 920×1 080	2 560×1 440
视场角	水平视场角43°，垂直视场角29°	水平视场角57°，垂直视场角57°
重量	566 g	590 g
特点	支持Cortana语音识别；支持SLAM三维重建和定位；采用手势追踪技术	超大视角；采用手柄交互，精准度高

4.1.3.4　适用场景

由于头戴式VR交互系统可营造高度的沉浸感，配合多自由度运动座椅等设备可以为用户提供多通道的感官体验，比在真实世界中更能激发人生理和心理的感知与反馈，如极速滑雪的兴奋、高空落地的恐惧等。靶场射击练习、多人协同反恐演习、竞技滑雪、高空心理测试、虚拟机械设备维修等均是比较典型的应用场景。在教学中，头戴式VR交互系统主要适用于以下教学场景：①集体教学。在此模式中，使用者利用一套头戴式VR交互系统进行沉浸式体验，其他学习者通过液晶显示屏、投影幕布、移动端观看，其他学习者可以通过观看获得使用者在虚拟场景的交互反馈信息，使虚拟世界、使用者和观看者三者形成了一个信息交互回路。②多人协同互动教学。多名使用者在虚拟场景中彼此可见，可以看到彼此的详细信息、位置、操作内容等，协同过程中，多人可以对同一物体进行交互操作，互相配合完成教学活动。

头戴式AR交互系统的典型应用领域有古迹复原、文物保护、工业维修、电视转播等。AR眼镜可以把多种辅助信息显示给用户，如古迹的文字解说、遗址上残缺部分的虚拟重构、虚拟仪表面板、维修设备的内部结构图等，用户观看实物的同时可以方便地获取叠加的虚拟图像和辅助信息，使学习者在辅助信息帮助下更好地完成认知、操作过程。在教学中，AR交互系统主要用于实操类技能培训，能够有效提高实操训练效率。AR交互系统可以实现一对一和一对多的教学。

头戴式MR交互系统的典型应用领域有工业、教育培训、娱乐、地产、医疗等，可以将图像、视频、音频、系统提示信息等叠加到真实场景中，并实现互动。在教学中，一般应用于需要虚拟对象或环境与现实环境同时出现的场景，虚拟对象能够自动适配现实场景的地形地貌，使用者可以操控虚拟对象，也可以操控现实世界物品。如虚拟服装设计、虚拟交通控制、虚拟机械制造等，可以进行一对一教学，也可以进行一对多的教学。

4.1.4 专用型

专用型装备一般是指定制化开发或小批量生产的模拟训练系统。根据应用学科的不同，系统的外观、结构和适配的资源内容也不尽相同，如飞行模拟器、列车驾驶模拟器、医学手术模拟器等。此类系统通常针对某类课程定制化研制，目的是强化训练学生某一方面的操作技能，一般包括计算控制单元、显示单元、操作单元和机身平台等多个部分。

列车模拟驾驶系统是最常见的专用型装备，它通过对列车结构、性能和驾驶操作流程的仿真，构建具有高度真实感的驾驶环境。司机利用模拟驾驶软件操控列车，逐步掌握列车驾驶的操作规程和应急处理方法，具有安全、经济、高效，培训过程可控、可重复，便于进行突发事件及故障状态模拟等优点。研究数据显示，采用模拟驾驶系统培训火车司机，可节省 30% 的经费，而轻轨、地铁则可节省 50% 以上的费用。20 世纪 80 年代，美国、英国、法国、澳大利亚等陆续开发了列车模拟驾驶系统，并在世界各国铁路部门得到了广泛应用。我国于 20 世纪 80 年代后期成功研制了列车模拟驾驶系统，并在超过 2/3 的机务段、列车驾驶员培训学校配置，对培养铁路机车司机产生了积极作用。先进的列车模拟驾驶系统具有以下特点。

（1）逼真的列车驾驶环境　列车模拟驾驶系统能提供逼真的列车驾驶视景、声音、运动等。驾驶视景仿真指驾驶室、操纵台及相关操纵设备的外形及尺寸与真实列车完全相同；高品质声音仿真指列车模拟驾驶系统能根据列车运行情况，产生相应的模拟音响，如电动机运转、压缩机启动、鸣笛、制动停车、轮轨冲击等音效。运动仿真指通过列车动力学计算，列车模拟驾驶系统具有精确的牵引加速度性能和制动减速度性能，列车惰行速度变化、上下坡和过弯道等的运动效果同真车一致。

（2）精准的列车操控功能　列车操控功能仿真指列车模拟驾驶系统可以模拟列车启动、加速、惰性运行、制动停车等各种工况下的全部操纵功能；模拟列车上所有开关、按钮和控制器的动作，全部信号灯和指示灯的显示，全部电表和风表的指示；模拟 ATP 信号、有线和无线广播；模拟列车全部静态试验，等等。

（3）全面的故障处置模拟及评估　根据模拟驾驶训练的需求，列车模拟驾驶系统可设置电路、气路、信号系统等各种类型的故障和量化评估模块，让学员学习各种故障处理方法和突发事件处置流程，方便教员和学员开展故障案例分析，提升学员的应急处理能力。

此外，在工业领域，有的厂家还专门生产了可以用于工业行业人员培训的专用型装备。夸夫曼汽车钣金就是一种典型的喷涂训练模拟器，模拟器通过采集喷涂过程中喷枪的位置、速度和角度等信息，实时生成虚拟喷涂。学员能够体验逼真的喷漆过程，同时听到相应的喷涂音效，视觉效果、操作手感与真实喷涂过程高度一致。利用该模拟器，学员能够熟悉多功能千斤顶、汽车外形修复机、各种汽车钣金工具等专业工具，减少实际操作中的错误。

4.1.5　移动型

移动型装备是指通过无线网络接入互联网的终端装备，如手机、平板电脑、便携式计算机等，配以相关虚拟仿真教学应用 APP，可以进行虚拟仿真教学。移动型装备不受时间、地点的限制，方便学习者随时随地进行学习。但是受处理器性能及屏幕尺寸限制，所创设的虚拟场景不宜过大，同时人机交互界面应方便用户点击触发。移动型装备大多应用在线上教学、学生自主学习、电子教材等领域。

按照应用场景和教学知识点定制化开发的 AR 软件是比较典型的移动端虚拟仿真教学应用 APP，软件安装需要基于开放式的操作系统，理论上支持 Android、iOS、Windows 等各种操作系统。显示终端可以为手机、平板电脑等，仅需要通过此类便携式电子设备，虚拟模型就可以呈现在眼前，并可以进行简单交互。此类应用属于轻量级应用，适合简单、快速的学习场景，如 AR 互动教材，由于在实际的教学过程中，学生难以理解某些涉及内部结构的知识，而提供真实的实验材料也非常困难（生物器官、贵重仪器、微生物等），此时采用 AR 互动教材进行辅助教学可以帮助学生快速建立三维立体概念，辅以声音、文字、解剖结构的展示，能够改善学生的学习效果。

移动式 AR 互动系统和头戴式 AR 交互系统的区别在于，移动式 AR 互动系统可以集成在手机等移动终端上，不再需要额外添加设备，而头戴式 AR 交互系统体积较大并且需要外部携带。从长远来看，移动型装备更适合日常使用，不仅可操作性更强，而且便于携带。

4.2　虚拟仿真教学云端装备

虚拟仿真教学云端装备分为云渲染引擎、人工智能引擎、科学计算引擎、数据库和区块链等，可为虚拟仿真教学资源的存储、运行、计算提供云端服务，将更多复杂的运算功能"云化"，可以有效满足更大的数据流、更低的业务时延等要求。随着技术的发展，虚拟仿真教学云端装备会具有越来越重要的地位。

4.2.1 云渲染引擎

利用软件从三维模型生成图像的过程称为渲染，渲染广泛应用在模拟、仿真、动画视频和电影电视制作中。渲染需要图形处理器显卡支持以实现图形加速及实时渲染，同时渲染过程还需要进行大量的计算和存储。云渲染则是指将执行渲染任务的仿真运算程序及 3D 模型资源部署在远程的云端服务器运行，仅将渲染结果画面传送回用户终端装备中加以显示。云渲染不仅可以利用云服务器的计算能力及图形渲染能力，缩短制作周期，还降低了用户端的信息处理开销和数据传输总量，使用户无须配置高性能、高成本的计算终端，也无须配置额外的适配终端，就可以快速完成渲染任务和解决兼容性问题。用户可以在具有屏幕和互联网连接的普通设备上开启各种高端应用，无须每隔一段时间就升级硬件来适应高要求的新应用。

按照反馈时效的不同，云渲染技术可以分为离线云渲染和实时云渲染。离线云渲染将 3D 程序放在远程服务器中，用户通过相关软件将三维模型资源传送到服务器，服务器根据指令执行对应的渲染任务，任务结束后用户下载查看渲染结果。实时云渲染是以云计算和网络串流技术为基础的云应用，它将 3D 程序放在云端服务器运行，并将实时计算获得的渲染结果（视频流 + 音频流）压缩后通过网络传输给用户，在用户终端进行解码、显示，同时再将用户操作（控制流）传回至云渲染服务器，最终实现用户和虚拟世界的实时互动。离线云渲染和实时云渲染各有特点：离线云渲染追求的是极致的渲染效果，重视渲染质量，最终用户能得到更精细的画面效果，缺点是实时性和交互性较差；实时云渲染能实现实时操控、实时交互，并且以极高的速度对 3D 图像进行处理。由于实时云渲染更多地关注实时性与交互性，其缺点是受系统负荷能力的限制，必要时要牺牲画面效果（模型的精细程度、光影的应用、贴图的精细程度）来满足实时传输的要求。现阶段云渲染技术仍存在延迟、卡顿、画质不足等问题，解决办法是通过构建更好的网络设施、缩短传输距离，在保证画质的基础上减小传输数据，以平衡画质与延迟，实现更好的实时云渲染体验。5G 技术的高宽带和低延迟优势是解决实时云渲染瓶颈的关键。

在虚拟仿真教学中，多数虚拟仿真教学资源的运行都需要用到海量存储、高性能计算和图形渲染等技术，对于硬件终端配置要求较高。虚拟仿真教学资源的存储和运行方式基本可以分为以下三种：第一种方式为单机安装。该方式需要资源开发厂家为电脑安装软件，有时还包括一些插件，资源装配成本和时间花费较大。第二种方式为 WebGL。通过定制网页端获取虚拟仿真教学资源，但存在打开前需要下载数据才能运行、浏览器 WebGL 协议渲染限制内容大小、不可加载高质量内容、要求终端有渲染能力、配置较高等局限性。第三种方式为云渲染。利用 Unity3D、UE4 等资源开发软件制作好可执行程序，将其直接放在云端（或局域网）服务器运行，画面实时传输到用户端的网页浏览器，浏览器以类似观看视频的方式呈现内容，用户采用鼠标、键盘等交互设备发出操作指令实时控制云端的可执行程序。三种方式的对比详见表 4-6。

表 4-6 基于不同技术的虚拟仿真教学对比

技术路线	单机安装	WebGL	云渲染
预先下载数据	需要预先装配软件和部分插件	需要预载数据，等待时间长	无须预载数据，即点即用
终端性能要求	对终端装备要求高	对终端装备要求高	支持个人计算机网页端、移动端、微信等轻量化泛终端，秒级运行
浏览器要求	无须浏览器	浏览器支持 WebGL/Web3D 等 HTML5 特性	支持主流浏览器，无特殊要求
场景效果	仅支持本地用户，使用场景局限	仅支持 Web 端，使用场景局限	使用场景丰富
兼容性	资源兼容性差	资源兼容性差	兼容主流引擎开发的资源
安全性	资源下载至本地，安全性差	数据模型下载至本地，安全性差	有效保护资源的版权安全
运营模式	封闭式自运营平台	封闭式运营平台	开放式运营平台

云渲染技术能很好地解决虚拟仿真资源教学加载和运行对硬件终端配置的高要求，具有四个"无须"的特点：无须下载安装应用程序；无须下载浏览器插件；无须下载仿真数据；无须预载、即点即用。云渲染还支持将真三维、可沉浸、可交互的虚拟仿真教学资源传递至各种泛终端（个人计算机、手机、平板电脑、VR 头盔、AR 眼镜、智慧白板等），用户可随时随地使用任意终端访问。此外，云渲染方式的兼容性和通用性更好，使用场景丰富。

2019 年，中国慕课大会现场展示的远程多人协同教学，在结合 5G 网络低时延、大带宽优势的同时，采用云渲染的方式，将虚拟仿真教学资源的计算和渲染放在云端，既保证了计算效率和传输速度，又提供了高清的、优质的画面和体验，借助云端的算力将工业大数据和复杂的交互操作进行显示。《虚拟仿真实验教学课程建设与共享应用规范（试用版）》首次正式提出实时云渲染的技术路线，为虚拟仿真教学资源的在线化应用和发展指明了方向。越来越多的学校在进行虚拟仿真教学环境建设时选择了云渲染方式，如福建某数字科技公司提供实时云渲染服务，通过搭建医疗专业虚拟仿真护理平台，让学校统一入驻云平台，上传虚拟仿真教学资源，即点即用，解决学校因为设备老旧无法访问和运行高质量虚拟仿真教学资源的问题，实现了终端轻量化的共享学习模式。

对学校来说，云渲染技术在虚拟仿真教学中的应用有利于学校自由配置、连接、调节和整合校内的虚拟仿真教学资源，可以降低虚拟仿真教学终端的配置门槛；有利于解决实验室硬件利用率不高的问题；在尊重院校和企业知识产权的前提下，云渲染技术有利于保证优质虚拟仿真教学资源的开放共享和持续应用。

4.2.2 人工智能引擎

虚拟仿真教学的发展依赖人工智能技术，人工智能的引入使得虚拟仿真教学更加智能，人工智能与虚拟仿真的融合将开辟信息技术产业新的增长源泉。人工智能融入虚拟仿真教学，将提高以下各个方面的智能化。

（1）虚拟对象智能化 虚拟仿真中包含多个物体对象，如虚拟人物、虚拟物体等，利用深度学习、机器学习等人工智能技术，进行虚拟对象的模型训练，包含指令控制、交互反馈、行为判断等，训练后的虚拟对象将自动按照系统的状态及操作者的指令触发行为，模拟现实对象的运动特点或特定规律，帮助用户完成虚拟仿真实验。如北京师范大学蔡苏等自主开发的三维虚拟学习环境平台 i3DVLE，利用人工智能算法设计出虚拟仿真环境中的智能教师，指导学习者完成学习。

（2）交互方式智能化 交互高度自然化、智能化是虚拟仿真发展的必然趋势。在虚拟仿真教学中，智能交互将综合视觉、听觉、触觉等感知通道，为学习者提供与现实世界类似的仿真交互体验。学习者在身体、虚拟仿真环境及教学活动共同作用下，通过智能交互的具身认知，促成身体感知、行为控制和意义构建的学习。腾讯扣叮虚拟仿真实验室支持模拟数据的输入和改变，如手绘巡线路线，人工智能识别图像、语言、物体等。教师和学生通过自定义训练数据集，利用图像识别、人脸识别、巡线识别等多种交互形式开展仿真场景实验，激发教师教学热情和学生学习动机。

（3）仿真资源研发与生产智能化 人工智能引擎将提升虚拟仿真教学资源制作工具、开发平台的自动化水平，提高生产建模效率，促进生产模式从人工生产逐渐转为人工智能自动生成，不断提升虚拟仿真教学资源生产力。虚拟仿真教学资源的生产智能化还未有比较成熟的案例，不过一些前沿技术已有所突破。如 AIGC 智能引擎可利用大数据、3D 场景建模、视口渲染、机器学习等技术，自动生成三维虚拟仿真场景资源。教师可以输入教学主题、教学风格等关键字，通过人工智能算法及 OpenGL 等数据库的接口调用，自动生成符合教师教学需求的虚拟仿真场景和资源，大大减少了资源开发的工作量。

（4）教学评价智能化 虚拟仿真教学形态下师生的行为数据是教学评价的重点所在。基于人工智能的虚拟仿真教学评价，能够辅助智慧评价的高效开展、精准采集师生交互行为数据、实现师生成长轨迹追踪，构建教师和学生画像，精准分析教学过程中的问题。西安电子科技大学利用最大信息系数及深度学习等方法，建立学习行为—学习能力"双模态"在线虚拟仿真学习评价模型，依托移动端交互平台实现了虚拟仿真实验课程在线学习过程的动态精准化评价。

4.2.3 科学计算引擎

科学计算引擎是负责计算中数据的来源、操作和管理，并根据要求将合适的计算结果返回的动力核心。科学计算引擎的出现能极大提升科学计算的规模和效率，为实现更高级别的运算，支持更加复杂的推演形式提供支持。

在虚拟仿真教学中，科学计算引擎可以提供远程仿真推演计算，降低高自由度虚拟仿真教学资源的开发难度。集成了常用科学计算引擎的云端科学仿真计算平台，可以完成多学科的数学模型求解任务，达到三维场景和推演计算相融合的目的。如在地震波传播虚拟仿真教学资源中，需要对三维地层模型进行数字化、波动方程求解以及三维可视化，涉及大规模的数学计算，需要以高性能的计算引擎为依托。该地震波传播虚拟仿真教学系统依托北京某大学"地球模式与大数据实验室"的个人计算机集群设备，负责地震波传播的虚拟仿真大型计算，集群由40 个计算节点、两个登录节点、两个图形处理器节点组成，计算节点通信带宽达100 GB/s。存储部分采用 LUSTRE 并行文件系统，硬盘容量 456 TB，可以同时支持40 位学生开展地震波传播虚拟仿真实验。再如气象三维可视化虚拟仿真教学资源中的科学计算可视化，将大量的天气数据转换为图像，在屏幕上显示出某一时刻等压面、等温面、旋涡、云层的位置及运动、暴雨区的位置及其强度、风力的大小及方向等，使预报人员能对未来的天气做出准确的分析和预测，并根据全球的气象监测数据和计算结果，将不同时期全球的气温分布、气压分布、降水量分布及风力和风向等以图像形式表示出来，从而对全球的气象情况及其变化趋势进行研究和预测。

4.2.4 数据库

数据库是对数据进行统一组织和管理，按照指定的结构建立相应的数据仓库，能够对数据进行添加、删除、修改、处理、分析、理解、报表和打印等多种操作的数据管理和挖掘系统。在虚拟仿真教学资源和管理平台运行过程中，有大量静态和动态的数据需要加以表示、存储和交换。良好的数据库体系结构、高效的数据管理是保证虚拟仿真教学资源和虚拟仿真教学管理平台高效运行的前提。

数据库在虚拟仿真教学中主要有以下作用：①支持仿真系统的正常运行，提供仿真系统与数据库之间的高效数据接口；②管理仿真系统中的配置参数；③支持仿真数据共享，配合模型库进行模型数据管理；④提供功能模块访问，反映模块信息变化；⑤对仿真系统的数据进行分析，提供决策支持；⑥提供仿真系统过程报表，作为系统模型评价、改进依据；⑦系统日志可用于动态预测仿真功能单元的行为。

应根据虚拟仿真教学过程所需要的数据、信息状况，结合虚拟仿真教学资源和虚拟仿真教学管理平台的特点，对虚拟仿真教学数据库结构进行设计，实现仿真系统的数据共享。在教学中，教学组织内部的每台计算机有独立开发能力、能独立完成一定仿真功能任务，这样的结构相对独立，适合 C/S 体系结构；各仿真计算机分散于不同场地，都有大量自行处理和相互通信的数据，而在逻辑上又是一个整体，需要共同完成仿真，适合采用分布式数据库系统。分布式数据库的数据分布存储在不同的计算机上，形成具有自我管理能力的本地数据库，通过网络实现数据库之间的相互访问，从而在逻辑上构成一个整体的全局数据库，这样可以减少网络的数据流量，加快通讯速度，提高仿真效率。某烹饪学校针对智能网络远程教学系统和虚拟仿真教学系统所产生的数据，建立云端数据库，实现网络平台、远程教学系统、虚拟仿真实验室等数字空间之间的无缝联通，及时对教师教学模块和学生学习模块进行收录、储存、标记、分类、分析等。当数据上传云端数据库后，最终收录入两大教学系统中，教师和学生在家庭和学校等各种场所均可获得工具和资源支持，实现新数据与旧数据循环教学。

4.2.5 区块链

区块链是一个又一个区块组成的链条，每一个区块中保存了一定的信息，它们按照各自产生的时间顺序连接成链条。这个链条被保存在所有的服务器中，只要整个系统中有一台服务器可以工作，整条区块链就是安全的。这些服务器在区块链系统中被称为节点，它们为整个区块链提供存储空间和算力支持。如果要修改区块链中的信息，必须征得半数以上节点的同意并修改所有节点中的信息，而这些节点通常掌握在不同的主体手中，因此篡改区块链中的信息是一件极其困难的事。相比于传统的网络，区块链具有两大特点：一是数据难以篡改，二是去中心化。基于这两个特点，区块链所记录的信息更加真实可靠，可以帮助人们解决互信问题。

区块链技术融入虚拟仿真教学不仅有利于将学生的操作行为与学习进度记录、保存，解决虚拟仿真教学中"只虚拟、不续存"的问题，而且能为虚拟仿真教学资源和教学数据提供信息安全保障，防止信息被篡改。南京某大学构建区块链与虚拟仿真耦合下的审计学实验教学，运用区块链技术对交易数据、账本记录以及审计过程进行仿真，提高学生基于区块链技术对审计的全面认知。

第 5 章
虚拟仿真教学管理平台

5.1 管理与服务门户

管理与服务门户是虚拟仿真教学管理平台对外展示的窗口，是实现用户登录、信息发布及共享服务的统一入口，应全面展示虚拟仿真教学成果、虚拟仿真教学资源建设和应用情况，服务优质虚拟仿真教学资源的宣传和共享。

5.1.1 信息展示

信息展示是管理与服务门户的主要功能之一。通过展示学校虚拟仿真教学资源建设情况、虚拟仿真教学环境建设情况、虚拟仿真教学开展情况等不同层面的信息，使用户全方位了解本校（或本院）虚拟仿真教学成果。展示内容包括但不限于新闻动态、通知公告、规章制度、使用指南、教学情况等。针对优质虚拟仿真教学资源，还要展示更加详细的内容，如介绍文字、介绍视频、教学课件等教学资料，支持师生更加方便、快捷地了解和应用该资源。为提升用户的浏览体验，管理与服务门户设计应注重主题突出、特色鲜明，充分体现本校（或本院）的专业特色、人员风采；信息分类应清晰、准确，注意提升文字内容的可读性和图像的清晰度。

5.1.2 门户管理

管理与服务门户网站是具有多媒体信息综合展示功能的动态管理系统。管理员可通过后台对网站的风格、样式、图像、视频、新闻公告和各模块具体内容等进行修改，实现对门户网站灵活有效的管理。后台编辑过程应能够实时预览，实现门户内容"所见即所得"，应支持多样化的图文排版风格，支持动态、静态页面设计等各种功能。

5.1.3 共享服务

共享服务可通过两种方式实现：一是本校（或本院）自行建设的虚拟仿真教学资源，直接通过虚拟仿真教学管理平台为校内外师生和社会人士提供学习途径；二是通过接入的方式，将国家平台、兄弟院校或技术企业的优质虚拟仿真教学资源纳入本校（或本院）的虚拟仿真教学管理平台，同时进行身份认证和学习数据联通，学生通过校内平台访问和使用这些优质资源。此外，虚拟仿真教学管理平台还可以与各大教育网站和教学资源库连接，为师生选择个性化的学习路径提供一站式自助服务。

5.2　公共基础数据管理

公共基础数据管理是虚拟仿真教学管理平台的重要功能模块，主要包含用户数据管理和组织机构数据管理。为实现上述功能，虚拟仿真教学管理平台要与学校信息化系统（如教务系统、人事系统、办公系统等）互联互通，以便及时、准确、动态地获取学校信息化系统中的用户数据、组织机构数据等，保证各个系统间信息的一致性、安全性和用户操作的便捷性，避免信息偏差、重复采集或产生信息孤岛；必要时还需要与学校数据中台整体对接，为学校其他工作提供一致、可靠、实时的数据。各个信息化系统完成对接后，要对不同角色至少进行两次完整的使用流程验证，确保流程完整性和使用稳定性。

5.2.1　用户数据管理

用户数据管理包括用户基础数据管理和用户行为数据管理。用户基础数据管理是对用户的基本信息（如姓名、账号、密码、邮箱、所属组织机构等静态信息）进行管理。用户基础数据可同步学校教务系统，支持一键导入和手动添加。除授课教师、指导教师、学生、教学辅助人员等常规人员外，虚拟仿真教学管理平台还需要把课外教师（产业教师）纳入管理范围。用户基础数据管理有助于虚拟仿真教学资源的精准分配，满足学生个性化学习需求，如教师可以通过查询学生基础数据，有针对性地结合学生的专业方向、培养目标和教学计划合理分配虚拟仿真教学资源和学习任务。用户基础数据管理还有利于解决虚拟仿真教学管理平台中的访问控制问题，平台可建立基于角色和权限的用户管理模型，为不同的用户灵活配置系统权限，实现多层级、多样化的管理模式。

用户行为数据管理是指虚拟仿真教学管理平台对用户的访问日志、操作行为和学习成果等进行记录。通过访问日志，管理员可监控虚拟仿真教学管理平台的访问情况，追踪恶意用户，保证平台安全稳定运行；记录用户从登录到离开的全部操作行为，可作为虚拟仿真教学管理平台持续优化的依据；对学生的操作行为和学习成果进行记录和分析，可以构建学生画像，为虚拟仿真教学的改进提供依据。

5.2.2　组织机构数据管理

组织机构数据管理是公共基础数据管理的一部分，是实现虚拟仿真教学资源集中统一管理的重要基础。组织机构数据管理有多种模式，较为常见的是按照"学校 – 学院 – 专业 – 班级"分层级的垂直管理方式或按照"管理员 – 教务人员 – 教师 – 学生"分角色的管理方式。各层级、各角色只能在自己的权限范围内进行操作，一般来说，层级或角色越往上，权限越大，可操作的功能模块越多。如上一层级的角色可以对下一层级的角色分配任务，监管或调取信息，而下一层级的角色通常无法向上操作。多层有序的组织机构管理方式既保证了虚拟仿真教学资源的集中统一管理，又可以确保不同角色在各自层级上充分发挥角色功能。

5.3　虚拟仿真教学资源管理

虚拟仿真教学管理平台需要具备对虚拟仿真教学资源进行集中管理和统一维护的功能，以节省人力和经济成本。在虚拟仿真教学资源管理中，应满足个性化教学需求，教师可在平台上对所开设的课程进行编排，在相应的课程目录下维护虚拟仿真教学资源及文本、课件、视频、习题、试卷等各种数字化教学资源。教师操作界面的交互设计应清晰合理，便于教师和管理人员进行教学管理和维护。

虚拟仿真教学管理平台需要提供开放的标准数据接口，从而实现虚拟仿真教学资源与虚拟仿真教学管理平台的联通，联通数据包括但不限于学习开始时间、学习结束时间、学习用时、学习次数、学生关键操作步骤、学习成绩、实验报告等。用户可以通过平台对虚拟仿真教学资源进行多维度评价，如评分、填写个人学习感受等，平台可以对评价数据进行统计和分析。

5.4　虚拟仿真教学装备管理

虚拟仿真教学管理平台应支持对大屏型装备、头戴型装备、桌面型装备、专用型装备、移动型装备等各类虚拟仿真教学终端装备的管理。管理内容包括虚拟仿真教学终端装备的类型、数量、型号、购入日期、价格等基本信息；支持设备的采购、入库、报修、报废全流程信息化管理；支持数据统计功能，为学校资产填报、设备定期检查、维护和更换提供依据。

另外，虚拟仿真教学管理平台应提供开放的数据接口，供虚拟仿真教学终端装备调用，以实现平台对虚拟仿真教学终端装备的监管，监管内容包括：①规范装备的使用。通过虚拟仿真教学管理平台控制终端装备的开机和关机，规范学生对装备的使用，延长设备的使用寿命。②监控使用情况。虚拟仿真教学管理平台可视化展示各终端装备的电量、联机情况、使用时长、预约情况等，综合分析终端装备的使用情况。③学习成果回传。将学生在虚拟仿真教学终端装备上产生的学习记录和成果（学习报告、学习成绩、产生的视频和作品等）回传至虚拟仿真教学管理平台，平台对学习记录和成果进行统计和分析。

5.5　虚拟仿真教学环境基础条件管理

虚拟仿真教学环境基础条件管理是对虚拟仿真教学场地及基础设施的智能化管理。虚拟仿真教学场地包括学校（或学院）的虚拟仿真教学中心、虚拟仿真教学公共实验室、虚拟仿真实训基地等。虚拟仿真教学管理平台与场地中的智能传感器、智能门禁、智能照明系统等智能设备关联，可以实现远程实时监控虚拟仿真教学场地里的温度与湿度；控制电子门禁的运行状态，实时监控场室内人员出入情况；远程操控网络、电源的开关状态等。

虚拟仿真教学管理平台还应支持场地的预约与使用管理，可实现预约、审核等功能。做好虚拟仿真教学场地的预约与使用管理有利于优化管理流程，提高场地的使用效率。

5.6　教学与教务管理

教学计划是组织教学过程、安排教学任务、确定教学编制的基本依据。虚拟仿真教学管理平台通过教学与教务管理来保障教学计划的正常实施。教务管理包含教学计划及教学任务的制定与下发，任课教师根据教学计划，开展实际教学，并对教学全过程进行监督管理。

5.6.1 教务管理

虚拟仿真实验教学管理平台的教务管理功能包括教务信息、教学计划、开课管理 3 个部分。教务信息主要是对学期、课表、上课时间和校历等基础信息进行维护管理；教学计划是根据教学需求制定、发布教学大纲，为课程开设提供依据；开课管理是根据教学大纲进行课程设置，包括任课教师、开课班级、开课时间、选修必修和选课时间等。

5.6.2 教学管理

为有效支持完整的虚拟仿真教学过程，教学管理应包括教学组织、学习过程指导、结果批改、成绩管理、答疑交流、课程评价和统计分析全过程管理。教师通过虚拟仿真教学管理平台，可以按照班级、小组和双人对抗、多人协作、多人竞赛或其他自定义形式设置教学分组，并可针对不同专业、不同层次的学生进行差异化任务设置，从而促使学生达到最佳的学习效果。在教学过程中，教师可以合理设置学习路径，如将理论学习作为虚拟仿真教学的前置环节，只有先完成理论学习，学生才能获得进入虚拟仿真教学的权限，教师还可通过虚拟仿真教学管理平台设置"练习模式"或"考核模式"，以适应不同教学阶段的需求。虚拟仿真教学管理平台应满足学生在学习过程中获取实时在线指导的需求，支持师生在线答疑交流，从而帮助学生解决学习过程中遇到的各类问题。在课堂教学过程完成后，教师可以设置多种学习报告形式，允许学生自主上传报告。虚拟仿真教学管理平台应能够对学生完成并提交的结果、数据等进行自动批改，并根据赋分模型，记录每个步骤的得分详情和学生的最终成绩。教师可分课程、班级、具体项目，查看学生的理论学习成绩、操作步骤成绩、报告成绩及总成绩，并进行成绩统计与分析，以便进一步改进教学方法，提升教学质量。

5.7 数据统计分析与可视化

数据统计与分析是教务人员和教师等教学管理者改进教学方式和优化平台功能的依据。虚拟仿真教学管理平台应具备对虚拟仿真教学过程、虚拟仿真教学资源使用情况、虚拟仿真教学装备监控分析等各项数据的统计结果进行全景式数据分析的功能，能攫取关键性信息进行动态展示，可视化呈现数据分析结果，方便用户实时查看虚拟仿真教学和管理工作的成效，探索虚拟仿真教学的一般规律。

5.8　虚拟仿真教学管理平台数据接口

数据接口是指各厂商的软硬件数据接口、应用端和服务器之间数据传输的通道。数据接口应符合、遵循较为一致的标准或规范，使不同厂家开发的虚拟仿真教学资源、终端装备和服务器之间进行流畅的数据交换。

虚拟仿真教学管理平台数据接口规范需要遵循国家标准《信息技术　学习、教育和培训　虚拟实验　教学指导接口规范》（GB/T 37712—2019）。该标准要求虚拟仿真实验项目的接入需要提供用户身份认证、智能指导和批改、实验结果回传、附件上传和实验数据获取等接口。接口调用要完整准确，从用户进入平台到完成实验的整个教学周期中，应该在相应步骤分别进行调用用户身份认证、实验结果数据的回传、附件上传等操作，确保每个接口调用的成功和上传记录的完整，做到不遗漏、不重复，用户访问顺畅、体验友好。用户可将结果数据及时保存至平台，再次进入平台后可通过调用数据接口，获取上次的学习记录以方便本次操作。数据记录要真实有效，返回的各项数据需要符合用户实际情况，学习报告的内容客观准确，严禁利用技术手段上报虚假记录。数据接口要丰富，以满足不同类型、不同技术和不同厂家的数据对接需求，提供不同形式的 SDK（虚拟仿真教学资源接入平台的软件开发工具包）接入工具，确保不同类型的数据能够高效、顺利接入。

第 6 章

虚拟仿真教学环境基础条件

6.1 空间布局

　　教学环境中的"空间"概念用以表征学生在日常学习、实验、实训等活动中，人与人（物）适宜的前后左右距离，以及各个通道的位置、距离；布局是根据不同的教学场景和学习方式，对空间中的终端装备、桌椅等进行排布的方式。目前尚缺少针对虚拟仿真教学空间布局的研究，相关的国家标准、行业标准也几乎是空白。《职业院校专业实训教学条件建设标准（职业学校专业仪器设备装备规范）》《职业教育示范性虚拟仿真实训基地建设指南》对职业院校虚拟仿真实训基地的空间布局给出了较为笼统的指导性建议，包括提倡院校因地制宜设置虚拟仿真实训教学场所，充分利用现有实训教学场所，通过功能升级或环境改造等实现综合利用，并尽量按教学组织要求保证一人一工（岗）位；对部分专业配备（或选配）的虚拟仿真实训室面积做出了要求，如建筑工程施工专业虚拟仿真实训室面积应达到 80 m²，口腔修复工艺专业虚拟仿真实训室面积应达到 120 m²。在高等院校和中小学领域，尚没有针对虚拟仿真教学环境空间布局的具体规定或建议。

　　为了帮助学校在建设虚拟仿真教学环境时更好地规划和设计空间布局，确保虚拟仿真教学环境构建符合国家有关要求，最大限度地满足学生的学习需求，符合教育发展趋势，有必要对虚拟仿真教学环境的空间布局提出更为详细的建议。在本节中，我们参照现有的关于普通教室、计算机教室、学校实验室及功能教室等各类场所的空间布局要求，提出了虚拟仿真教学环境的空间布局要求。

6.1.1 大屏型虚拟仿真教学环境

　　大屏型虚拟仿真教学环境中多采用多通道投影大屏幕立体显示系统、LED 大屏幕立体显示系统等虚拟仿真教学终端装备，主要用于开展一对多的集体教学，通常学生较少或不需要进行操作。这类环境可以在相对小的空间里容纳更多的学生，空间布局可以参考普通教室、电视教室及电影院的相关规定。

　　根据《中小学校设计规范》（GB 50099—2011），中学普通教室课桌椅的排距不宜小于 0.90 m，最前排课桌的前沿与前方黑板的水平距离不宜小于 2.20 m，教室最后排座椅之后应设横向疏散走道，自最后排课桌后沿至后墙面或固定家具的净距不应小于 1.10 m；普通教室内纵向走道宽度不应小于 0.60 m；沿墙布置的课桌端部与墙面或壁柱、管道等墙面突出物的净距不宜小于 0.15 m；前排边座座椅与黑板远端的水平视角不应小于 30°。如果是阶梯式的座椅设计，可以参考《电影院建筑设计规范》（JGJ 58—2008），按照短排法设计的硬椅排距不小于 0.80 m，软椅排距不小于 0.85 m，每排座位数量不超过 22 个，在此基础上排距每增加 50 mm，座位可增加 2 个，两侧都应有纵向走道，当仅一侧有纵向走道时，上述座位数相应减半。按照长排法设计的硬椅排距应不小于 1.00 m，软椅排距不小于 1.10 m，每排座位数量不超过 44 个，两侧都应有纵向走道，当仅一侧有纵向走道时，上述座位数相应减半。观众厅内走道的布局应与观众座位片区容量相适应，与疏散门联系顺畅，中间纵向走道净宽不应小于 1.00 m，边走道净宽不应小于 0.80 m，横向走道除排距尺寸以外的通行净宽不应小于 1.00 m；两条横向走道之间的座位不宜超过 20 排，靠后墙设置座位时，横向走道与后墙之间的座位不宜超过 10 排。观众厅内座位楼地面宜采用台阶式地面，前后两排地坪相差不宜大于 0.45 m；观众厅走道最大坡度不宜大于 1∶8。当坡度为（1∶8）~（1∶10）时，应做防滑处理；当坡度大于 1∶8 时，应采用台阶式踏步。

在设置前排座位的时候，应考虑边座上人员的观看效果，可采用"观看水平斜视角"指标，即观看者在水平方向上偏离屏幕中轴线的角度来衡量屏幕和座位的距离、角度设置是否满足前排边座人员的观看效果。同时还要考虑"最佳视距范围"，即观看者能获得连续清晰图像的最大观看距离，最后排座椅至屏幕垂直面的水平距离应在有效视距范围内。在实际布局中，要综合考虑所选虚拟仿真教学终端装备的可视角度、显示分辨率、亮度、色彩饱和度、有效视距范围等各个指标，合理排布座位，以便为学生提供更加舒适的观看体验，确保学生的观看效果。

6.1.2 桌面型虚拟仿真教学环境

桌面型虚拟仿真教学环境是以个人计算机、桌面 VR 交互系统等虚拟仿真教学终端装备为主的环境，一般可开展单人操作或小组学习，可以参考普通计算机教室和实验室的设计要求。

《中小学校设计规范》（GB 50099—2011）对计算机教室空间布局要求如下：单人计算机桌平面尺寸不应小于 0.75 m × 0.65 m，前后桌间距离不应小于 0.70 m；学生计算机桌椅可平行于黑板排列，也可顺侧墙及后墙向黑板成半围合式排列；课桌椅排距不应小于 1.35 m；纵向走道净宽不应小于 0.70 m；沿墙布置计算机时，桌端部与墙面或壁柱、管道等墙面突出物间的净距不宜小于 0.15 m。

对于采用岛式、双人等其他布局的桌面型教学环境设计，可以参考《中小学校设计规范》（GB 50099—2011）中对各种不同排布类型实验桌的设计要求：双人单侧实验桌尺寸为 1.20 m × 0.60 m，四人双侧实验桌尺寸为 1.50 m × 0.90 m，岛式实验桌（6人）尺寸为 1.80 m × 1.25 m。实验桌的布置应符合以下规定：双人单侧操作时，两实验桌长边之间的净距离不应小于 0.60 m；四人双侧操作时，两实验桌长边之间的净距离不应小于 1.30 m；超过四人双侧操作时，两实验桌长边之间的净距离不应小于 1.50 m。最前排实验桌的前沿与前方黑板的水平距离不宜小于 2.50 m，最后排实验桌的后沿与前方黑板之间的水平距离不宜大于 11.00 m。最后排座椅之后应设横向疏散走道，自最后排实验桌后沿至后墙面或固定家具的净距离不应小于 1.20 m。双人单侧操作时，中间纵向走道的宽度不应小于 0.70 m；四人或多于四人双向操作时，中间纵向走道的宽度不应小于 0.90 m。沿墙布置的实验桌端部与墙面或壁柱、管道等墙面突出物间宜留出疏散走道，净宽不宜小于 0.60 m。另一侧有纵向走道的实验桌端部与墙面或壁柱、管道等墙面突出物间可不留走道，但净距不宜小于 0.15 m。前排边座座椅与黑板远端的水平视角不应小于 30°。高校还可参考《科研建筑设计标准》（JGJ 91—2019）有关规定：一侧布置实验桌的走道不宜小于 1.50 m，双侧布置实验桌的走道不宜小于 1.80 m。在一个标准单元组成的科研教学实验区，沿两侧墙布置的实验台、实验仪器设备与房间中间布置的岛式或半岛式中央实验台之间的净距离不应小于 1.50 m，岛式实验台端部与外墙之间的净距离不应小于 0.60 m。由一个以上标准单元组成的科研教学区，除符合上述规定之外，当布置两台及以上岛式实验台时，其端部与外墙之间的净距离不应小于 1.00 m。实验台与墙平行布置时，与墙之间的净距离不应小于 1.20 m。实验台不宜与外窗平行布置，需要与外窗平行布置时，与墙之间的净距离不应小于 1.30 m。

6.1.3 头戴型虚拟仿真教学环境

头戴型虚拟仿真教学环境主要采用头戴式 VR 交互系统、头戴式 AR 交互系统和头戴式 MR 交互系统等虚拟仿真教学终端装备，一般学生可单独使用或分组使用虚拟仿真教学终端装备，进行沉浸式操作，完成学习任务。

头戴型虚拟仿真教学环境选址应避免其他电子设备的信号干扰，建筑朝向应符合日常教学使用要求，避免强光源。由于学生使用头戴式 VR 交互系统会与现实世界产生物理隔离，应特别注意"安全距离"设置：一般单人头戴式 VR 交互系统宜设置 2 m × 1.5 m 的单人安全活动区域；由多个单人头戴式 VR 交互系统组成的多人分组教学中，一般需要设置至少每人 2 m × 2 m 的独立安全活动区，且互不交叉。由于头戴型虚拟仿真教学装备形式多样，所适配的教学内容也不尽相同，在设置"安全距离"时，也可考虑实际教学环境的要求，根据虚拟场景中虚拟空间与真实物理空间进行适配，以避免学生在使用过程中碰撞到其他外界物体。在实际布局中，要综合考虑所选虚拟仿真教学终端装备的特性、定位精度、教学内容的实际需求等各个指标，合理排布，以便为学生提供更加舒适安全的观看体验，确保学生的学习效果。

6.2 电　力

电力保障是虚拟仿真教学环境中的各种终端装备和虚拟仿真教学管理平台正常运转的重要基础。

6.2.1　数据中心电力供应

《数据中心设计规范》（GB 50174—2017）对不同等级的数据中心供电参数进行了详细、明确的要求，提出在符合现行国家标准《供配电系统设计规范》（GB 50052—95）有关规定基础上，还应在电路设计、不间断电源设置以及交流供电质量等方面符合要求。数据中心应由专用配电变压器或专用回路供电，变压器宜采用干式变压器，变压器宜靠近负荷布置。供配电系统应为电子信息系统的可扩展性预留备用容量。户外供电线路不宜采用架空方式敷设。数据中心低压配电系统的接地形式宜采用 TN 系统。采用交流电源的电子信息设备，其配电系统应采用 TN-S 系统。电子信息设备宜由不间断电源系统供电，不间断电源系统应有自动和手动旁路装置，确定不间断电源系统的基本容量时，应留有余量。

6.2.2　终端装备电力供应

《教育建筑电气设计规范》（JGJ 310—2013）提出，高等学校信息机房电力负荷宜为一级，中等学校信息机房电力负荷不宜低于二级。一级负荷应由双重电源供电，一级负荷中特别重要的负荷除了双重电源供电外，还应增设应急电源。二级负荷宜由两回路供电。

虚拟仿真教学环境和设备的电力保障应符合《教育建筑电气设计规范》（JGJ 310—2013），高校宜为一级负荷，中等学校不宜低于二级负荷。此外，各种仪器设备的安装使用都应符合相关国家标准或行业标准，接地应符合《低压电气装置　第5-54部分：电气设备的选择和安装　接地配置和保护导体》（GB/T 16895.3—2017）的要求。需要接入电源的仪器设备，应满足国家电网规定接入要求，电压额定值为交流 380 V（三相）或 220 V（单相），并应具备过流、漏电保护功能，需要插接线的，插接线应绝缘且通电部位无外露。具有执行机构的各类仪器设备，应具备急停功能，紧急状况可切断电源并令设备动作停止。

虚拟仿真教学环境终端装备的电路设计可以参考《中小学校设计规范》（GB 50099—2011）和《科研建筑设计规范》（JGJ 91—2019）有关要求。除此之外，虚拟仿真教学环境在电路设计时还应注意：①教学用电应设置专用线路，电源侧应设置有短路保护、过载保护措施的配电装置；②宜设置电源总控制开关，开关位置须设置在只有教师能控制的部位，上课时接通电源，下课时及时切断电源，放假期间统一切断电源；③每个实验台上都要设置一定数量的电源插座，每个插座宜有开关控制和保险设备，或者每个实验台设置一个保险装置，以防发生短路时影响整个实验室的正常供电。

6.2.3　电力安全

电力安全包括人身安全、财产安全、工作安全、环保节能安全等：人身安全指确保师生在用电过程中避免触电等安全隐患，要做好接地保护和防雷措施；财产安全是指用电过程中避免发生过载或不稳定而引起电路火灾，同时也指电力电路设计使用不当造成的仪器设备损坏；工作安全是指工作过程中避免由于某一点位的不规范用电而造成大范围的影响；环保节能安全是指采用技术先进、环保节能、便于维护的电路设计和电气产品。《供配电系统设计规范》（GB 50052—95）、《教育建筑电气设计规范》（JGJ 310—2013）、《低压配电设计规范》（GB 50054—2011）对电力安全有明确要求。电力安全设计涉及诸多专业知识，所有电气设备在交付使用前必须委托专业人员进行安全检查和验收，使用过程中也必须有专业人员的定期检查、维护、维修。

6.3　网　　络

虚拟仿真教学资源大多涉及三维模型，通常需要较大的网络带宽支持，同时需要配置防火墙等以提高网络安全性。《职业院校专业实训教学条件建设标准（职业学校专业仪器设备装备规范）》中对网络环境条件的要求描述为"应保证实训教学软件及设备的正常运行，要满足线上实践指导、线上虚拟仿真实训及信息化管理所需要的网络环境要求。"《虚拟仿真实验教学课程建设与共享应用规范（试用版）》对服务器带宽、客户端连接带宽等做出了具体要求。

（1）服务器带宽　服务器带宽需要满足用户在可接受的时长范围内，下载教学资源包和流畅进行实验数据交换的要求，最低配置为 1 GB/s（局域网）或 100 MB/s（广域网）；推荐配置为 1 GB/s（局域网）或 200 MB/s（广域网）。

《职业教育示范性虚拟仿真实训基地建设指南》要求平台带宽应在 200 MB 及以上，防火墙对流量的限制也需要放宽。

（2）客户端连接带宽　客户端连接带宽是指单台客户机访问服务器所获取的最高网速，网速过低会导致用户更多的等待时长。指标值应考虑大多数教学资源包大小，以及一般服务器带宽和用户带宽条件下所需要的下载速度。最低配置为 20 MB/s；推荐配置为 50 MB/s。

（3）并发数　并发数是指多个用户同时访问及下载资源、进行实验操作、进行服务器端仿真计算等，实质占用服务器性能及其网络带宽等服务器端系统资源的最大允许用户数量，并不是指仅仅同时在线这种几乎不占用服务器端系统资源的情况。并发数不能超过服务器及网络的承载能力。最低并发数为 40；推荐并发数为 80。

6.4　服　务　器

虚拟仿真教学资源的运行和存储对服务器有较高要求，一般需要服务器具有较高的配置和性能。此外，对服务器安全和压力也有一定要求。

6.4.1　服务器一般要求

支持虚拟仿真教学的服务器一般有两种部署方式：一是利用学校（或学院）已有或新建服务器；二是采用商业云（如阿里云等）部署。

《职业教育示范性虚拟仿真实训基地建设指南》要求，虚拟仿真实训教学管理及资源共享平台服务器应根据各院校具体的用户数据容量和性能要求配置，至少配置 1 台数据库缓存服务器（64 GB 内存 +200 GB 系统硬盘 +100 TB 及以上数据硬盘）、1 台应用服务器（32 GB 内存 +100 GB 系统硬盘 +50 TB 及以上数据硬盘）、1 台文件服务器（32 GB 内存 +100 GB 系统硬盘 +150 TB 及以上数据硬盘），均采用 64 核及以上中央处理器（CPU）。可选用各种主流专用服务器，并考虑采用双机备份方式运行，操作系统使用 Linux（如 CentOS、Ubuntu 等）。

6.4.2 云服务器

根据并发数需求配置渲染服务器（48 核 CPU+128 GB 内存 +1 TB 系统硬盘 +4 TB 及以上数据硬盘 + 至少配置 4 块高性能 GPU）、接入服务器（32 GB 内存 +100 GB 系统硬盘 +150 TB 及以上数据硬盘），数据硬盘支持扩容。其中渲染服务器应选用专用配置，并考虑采用双机备份方式运行，操作系统使用 Windows Server （如 2019 standard 64 bit 等）；调度服务器可选用各种主流专用服务器，操作系统使用 Windows Server（如 2019 standard 64 bit 等）；接入服务器可选用各种主流专用服务器，操作系统使用 Linux（如 CentOS、Ubuntu 等）。

6.4.3 服务器安全

通过网络之间互连的协议（internet protocol，IP）控制、端口控制、访问频率等方式保障服务器安全。一般要求对外服务统一通过应用服务器 80 端口提供，80 端口上同时使用 HTTP 协议、WebSocket 协议。为保障服务器安全，应做好以下 4 个方面工作：①经常性检测服务器中是否存在恶意软件和病毒，安装必要的病毒、恶意软件检测以及专业的杀毒工具，定期扫描服务器，及时更新病毒库；②及时修补操作系统漏洞，做好网站目录访问权限控制，及时更新系统安全补丁；③预防和清理攻击，关闭不常使用的端口，升级防火墙，及时切断攻击者的 IP 并修复服务器；④制定安全规则，如指定 IP 登录服务器或进行登录二次验证。

6.4.4 服务器压力

服务器压力指单个服务器或服务器站在使用过程中承载的最大压力。虚拟仿真教学中经常会运行较大的资源包，如果并发数较多的话可能会超过服务器压力极限值，因此一定要保障服务器压力安全。可通过峰值测试（主要是考验单个服务器的承载上限）、行为压测（即根据用户行为消耗资源测试）和设备压测（不同的设备支持不同的运行环境）等方式对服务器压力进行测试。

在实际运行过程中，可以通过采用分布式架构，优化数据库查询方式，避免实时统计大量的数据等措施防止服务器压力过大。

6.5 信 息 安 全

虚拟仿真教学环境是一个建立在互联网基础上的信息化教学环境。虚拟仿真教学环境集成了各种服务器、计算机、终端装备，这些设备所采用的操作系统种类多，设备运行环境复杂，虚拟仿真教学环境还存在对外开放共享的要求，因此虚拟仿真教学环境的信息安全就成为一个非常重要的问题。

1994 年国务院颁布的《中华人民共和国计算机信息系统安全保护条例》，2016 年 11 月 7 日第十二届全国人民代表大会常务委员会第二十四次会议通过的《中华人民共和国网络安全法》，均是指导虚拟仿真教学环境信息安全的行政法规。实践中各单位以 2019 年 5 月发布的《信息安全技术 网络安全等级保护基本要求》（GB/T 22239—2019）为网络安全等级保护指导标准（简称《等保 2.0》）。

为确保虚拟仿真教学过程中的信息安全，在应用层面，应采用一整套完善的授权体系，通过对用户、角色设置相应的权限来保证业务系统操作的安全性；在数据层面，要充分利用数据库的安全机制，支持数据库日志备份、事务备份、数据库自动备份、异地备份、灾难恢复等多种操作；在信息传输层面，采用重要数据加密处理，防止重要数据被攻击者盗取，数据传输采用跨站脚本攻击（cross site scripting，XSS）过滤及敏感词汇监测过滤，防止恶意数据的提交造成系统故障，全程使用 HTTPS 在浏览器和服务端之间交互；在系统层面，通过对用户操作日志的监控和系统错误日志捕获提供日志分析；在网络安全层面，应配备网络防火墙、入侵检测等系统，同时在操作系统上开启防火墙并安装杀毒软件，配置好备份策略。

此外，虚拟仿真教学管理平台应具备提供实时监测服务器资源的功能，如中央处理器、内存、硬盘、负载状况等运行数据，具有底层计算机管理控制程序（operating system，OS）、应用层监控的能力。还要进行网站云端监测，采用公有云的监控体系，利用云端多个互联网数据中心节点的服务器资源，模拟真实用户对远端站点的访问，持续监控站点的可用性、连通性等状态，同时对目标网站进行风险监控。平台管理员和运维人员需要对平台的运行状况进行快速响应：在管理平台服务不可用或运行异常时，及时提醒相关人员，同时可以自动尝试重启管理平台；通过智能监测及时将监测情况以邮件或短信形式下发给网站运维人员或相关负责人，负责人应协调运维人员确保管理平台的正常运行。

6.6 其他要求

6.6.1 采光、照明、通风

采光应符合《建筑采光设计标准》（GB 50033—2013）有关规定。采光设计应注意光的方向性，避免产生遮挡和不利的阴影。需要识别颜色的场所，应采用不改变自然光光色的采光材料。在中小学校，虚拟仿真教学环境采光还应符合《中小学校教室采光和照明卫生标准》（GB 7793—2010）相关规定，宜采用南北向的双侧采光。教室采用单侧采光时，光线应自学生座位的左侧射入。南外廊北教室时，应以北向窗为主要采光面。

照明应符合《建筑照明设计标准》（GB 50034—2013）有关规定。当自然光光线不足时，应配置人工照明，人工照明光源应选择接近自然光色温的光源。虚拟仿真教学环境的照明应根据教学内容对识别物体颜色的要求和场所特点，选择相应显色指数的光源，一般显色指数不低于 Ra80。照度不足时，应增加局部补充照明，补充照明不应产生有害眩光。在照度方面，一般虚拟仿真教学环境采用300 lx，进行精细操作实训（如划线、金属精加工、间隙调整等）的工作台、仪器、设备等工作区域的光照度不应低于 500 lx。

通风应符合《建筑设计防火规范》（GB 50016—2018）有关要求，应符合《全国民用建筑供暖通风与空气调节设计规范》（GB 50736—2012）中供暖通风与空气调节的有关要求。

6.6.2 防火

消防安全内容复杂、专业性强，具有强制性，相关规定可参见《建筑设计防火规范》（GB 50016—2018）、《建筑内部装修设计防火规范》（GB 50222—2017）等的要求。虚拟仿真教学环境可能涉及原有教室或实验室的改建、扩建和内部装修，因此还需要注意以下方面：①实验室改建、扩建和内部装修过程中，不应擅自减少、改动、拆除、遮挡消防设施、疏散指示标志、安全出口、疏散出口、疏散走道和防火分区、防烟分区等，在改扩建过程中，最好保留原有的消防设计方式，如果存在空间的合并、疏散门的改造等情况，应请专业人士加以评估；②内部消火栓箱门不应被装饰物遮掩，消火栓箱门四周的装修材料颜色应与消火栓箱门的颜色有明显区别或在消火栓箱门表面设置发光标志；③教学建筑内的房间，一般应具备两个及两个以上的疏散门（位于两个安全出口之间的，且建筑面积不大于 75 m^2 的除外），各教学用房的门均应向疏散方向开启，开启的门扇不得挤占走道的疏散通道，房间疏散门开启后，每樘门净通行宽度不应小于 0.90 m，门扇上宜设观察窗，靠外廊及单内廊一侧教学用房内隔墙的窗开启后，不得挤占走道的疏散通道，不得影响安全疏散；④虚拟仿真教学环境宜配用二氧化碳灭火器。

6.6.3　环保

环保问题与师生身体健康密切相关，应引起高度重视。2020 年，住房和城乡建设部发布了《民用建筑工程室内环境污染控制标准》（GB 50325—2020），明确新建、改建和扩建的民用建筑工程室内污染控制都应执行该标准。新标准增加了室内环境污染物的检测范围，明确了民用建筑工程及室内装饰装修工程在工程完工 7 天之后、交付使用之前应进行竣工验收。竣工验收时，必须对室内氡、甲醛、氨、苯、甲苯、二甲苯、总挥发性有机化合物（TVOC）浓度进行检测。不符合室内环境污染物浓度检测限量规定的民用建筑工程，严禁投入使用。学校用房属于 Ⅰ 类建筑工程，在污染物浓度上有更严格的限量要求和更高比例的检测范围。该标准要求 Ⅰ 类建筑工程的室内空气中污染物抽检量不得少于房间总数的 50%，且不得少于 20 间。当房间总数不大于 20 间时，应全数检测。

虚拟仿真教学环境桌椅及家具的功能、尺寸、技术要求和环保要求应符合《学校课桌椅功能尺寸及技术要求》（GB/T 3976—2014）。光线遮蔽设备应具有遮光、隔热、阻燃功能，质量和环保指标应符合国家相关标准，其中纺织产品参照《国家纺织产品基本安全技术规范》（GB 18401—2010）执行。

第 7 章
虚拟仿真教学环境典型案例

7.1 高校虚拟仿真实验室

为提升学校实验教学水平，探索以学生为中心的实验教学新模式，全面展示学校虚拟仿真教学成果，某高校建设了虚拟仿真实验室，创造了全时段的自主学习环境。该虚拟仿真实验室充分利用虚拟现实、增强现实、混合现实和人工智能等现代信息技术，采用校企合作方式，开发农学类、环境类、矿业类、计算机类、材料类、海洋科学类多学科虚拟仿真教学资源，配备多种虚拟仿真教学终端装备，并搭建了开放式虚拟仿真教学管理平台。该虚拟仿真实验室可开展沉浸体验式、多人协同式虚拟仿真实验教学，解决了传统实验教学存在的资金投入大、设备维护更新成本高、存在一定安全隐患等诸多问题。

7.1.1 建设内容

虚拟仿真实验室环境包含虚拟仿真教学管理平台、公共虚拟仿真实验中心、沉浸式专业虚拟仿真实验中心、多人协同专业虚拟仿真实验中心和虚拟现实研创中心（图 7-1）。各中心配备不同类型的虚拟仿真教学资源和虚拟仿真教学终端装备，由统一的虚拟仿真教学管理平台进行管理。

7.1.1.1 虚拟仿真教学管理平台

虚拟仿真教学管理平台依托校园网络构建，充分利用学校现有资源，是集门户

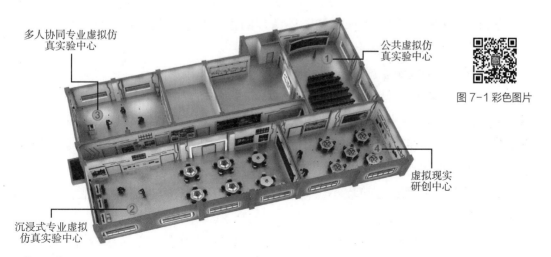

图 7-1 彩色图片

图 7-1　虚拟仿真实验室布局图

网站管理、实验教学、理论学习、互动交流、开放共享、数据统计等功能于一体的综合管理系统。

7.1.1.2　公共虚拟仿真实验中心

该中心的主要功能是开展与公共基础课相关的虚拟仿真教学活动，实现对各学院历年建设的公共课虚拟仿真教学资源的集中管理，解决资源分散，无法有效共享的弊端。根据学校所有学院均开设思想政治相关课程，以及多个工学相关专业都开设机械基础课程的实际情况，公共虚拟仿真实验中心配备了思想政治教育、机械原理、机械设计等虚拟仿真教学资源。公共虚拟仿真实验中心的终端装备主要是 LED 大屏幕立体显示系统，采用阶梯式空间布局，适合以班级为单位组织的教学活动。该中心的虚拟仿真教学资源主要有以下 3 类。

（1）思想政治教育虚拟仿真教学资源　该资源适用于全校各专业思政课程的教学，包含"四史"系列虚拟仿真教学资源、红色文化全景系列虚拟仿真教学资源等，有利于全面加深学生对思政课程中理论知识的认知与掌握，树立正确的历史观，增强爱国主义精神和理想信念。该资源属于沉浸体验类资源。

（2）机械原理三维虚拟实验资源　该资源以三维模型动画形式展现 20 种连杆机构、11 种齿轮机构、10 种凸轮机构、10 种运动副机构的工作原理。例如，齿轮范成原理虚拟实验直观展现齿轮的渐开线及过渡曲线的形成过程；机构运动参数测试虚拟仿真实验可引导学生熟悉传动系统的结构，学生还可以进行曲柄滑块、曲柄导杆滑块、平底直动从动杆凸轮和滚子直动从动杆凸轮等典型的传动系统组装，并调整机构参数。该资源属于认知强化类资源。

（3）机械设计三维虚拟实验资源　该资源通过三维仿真技术还原了多款经典实验台架设备，重现了典型机械力学实验操作流程，突破了机械专业传统课堂教学的局限性，极大增强了机械结构展示的直观性、趣味性。该资源可应用于"机械设计基础""机械原理""机械结构"等课程的理论与实操教学。该资源属于认知强化类资源。

7.1.1.3　沉浸式专业虚拟仿真实验中心

该中心的主要功能是承载以学生个体为单位组织的实验教学活动。该中心提供高性能专业计算机、头戴式 VR 交互系统、桌面 VR 交互系统及 LED 大屏幕立体显示系统等终端装备。该中心采用六角桌布局提供头戴型 VR 教学环境，采用普通工位布局提供桌面型 VR 教学环境。学生可以以单人单机独占方式沉浸在教学环境中体验实验操作过程，亦可以小组模式沉浸在教学环境中。该中心的虚拟仿真教学资源主要有以下 3 类。

（1）草莓脱毒苗无菌接种虚拟仿真实验资源　该资源提供草莓脱毒苗无菌接种全过程的虚拟场景和显微镜、超净台、培养瓶等虚拟仪器设备，还原草莓脱毒苗无菌接种全流程，包括接种室消毒、接种器皿和用具的消毒、接种前准备、外植体选择、外植体消毒、接种操作。该资源属于流程训练类资源。

（2）植物基因编辑与遗传转化分析虚拟仿真实验资源　该资源还原了基于CRISPR技术的拟南芥多基因编辑全过程，包括基因扩增、载体构建、阳性质粒筛选、农杆菌转化、花序浸染等实验流程。该资源属于流程训练类资源。

（3）生活垃圾收运与焚烧处置虚拟仿真实验资源　该资源还原生活垃圾收运与焚烧操作步骤，包含垃圾分类、收运、路线设置、焚烧、除尘等知识模块内容和操作步骤。学生在三维场景中进行操作，可以熟悉实验过程中各类仪器的操作，掌握生活垃圾收运与焚烧处置的实验步骤。该资源属于认知强化类资源。

7.1.1.4　多人协同专业虚拟仿真实验中心

该中心的主要功能是提供多人互动教学虚拟现实交互环境，其主体由动作捕捉系统、头戴式VR交互系统和高性能专业计算机组成，以大空间支架为主要布局形式并配备空间定位器等辅助设备，支架长度以4~20 m为宜，支架高度以4 m以下为宜，适合以小组教学的模式开展互动式实验教学活动。该中心的虚拟仿真教学资源主要有以下两类。

（1）金属材料工程三维虚拟仿真实验资源　该资源创设金属加工所需要的三维场景和箱式炉、金属样品、烘箱等仪器设备，可以让学生掌握多种加工方法和原理，掌握金属材料加工的知识与技巧。该资源属于决断训练类资源。

（2）材料力学虚拟仿真实验资源　该资源涵盖拉伸、压缩、扭转、冲击、弯扭组合实验，梁弯曲正应力实验，压杆稳定实验，弹性模量实验，泊松比测定实验，以及金属材料疲劳测试等实验内容，是一套综合实验系统。该资源属于流程训练类资源。

7.1.1.5　虚拟现实研创中心

该中心的主要作用是增强师生的虚拟仿真资源开发能力，满足各专业进行虚拟仿真资源自主研发的需求。该中心采用高性能图形工作站和头戴式VR交互系统，按照5个六角实验桌进行排布，每个实验桌可容纳6人共同学习，适合以小组为单位的教学模式。

该中心的虚拟仿真教学资源主要包括虚拟仿真开发项目案例、VR模型库及插件资源库等。这部分资源与7.3节中介绍的职业院校虚拟现实专业实训室类似。该资源属于复杂设计类资源。

7.1.2　建设成效

虚拟仿真实验室围绕提高教育教学质量，培养经济转型升级所需要的创新型、实用型、复合型人才等核心目标，以体系化、整体化和常态化方式解决实体实验教学条件不具备或实际运行困难的问题，解决了高危或极端环境、高成本、高消耗、不可逆操作、大型综合训练这些实体实验做不了、做不好、做不上、做不到的突出问题。支持学生以线上、线下和线上线下混合等多种方式动手探索、合作参与和创新实践，充分发挥学生的积极性、主动性和创造性，促进学生理论学习能力、动手实践能力和逻辑思维能力的综合发展和全面提升，落实立德树人根本任务。

7.2　职业院校示范性虚拟仿真实训基地

某建筑类职业技术学院集成应用 5G 和 VR/AR/MR 等新一代信息技术，采取学校主导、企业协同的建设模式，构建建筑特色鲜明的"建筑全产业链虚拟仿真实训基地"，打造覆盖建筑设计、采购、制造、建造、交付、管理、运维全产业链流程的优质实训教学场所，实现建筑全产业链虚拟化。该学校变革职业教育教学育人手段、重构职业教育课堂教学模式，优化人才培养方案和实训方式，打造高水平教学团队，全面提升人才培养质量。同时，学校还面向企业和社会开设各种虚拟仿真培训课程，承担区域产业技术人才培训和继续教育任务。

7.2.1　建设内容

学校根据《职业院校虚拟仿真实训基地建设指南》要求，打造"一平台四中心"的建筑全产业虚拟仿真实训环境，即开放式虚拟仿真实训教学管理平台、建筑全产业链公共虚拟仿真实训中心、建筑全产业链虚拟仿真体验中心、建筑全产业链虚拟仿真研创中心和建筑全产业链专业虚拟仿真实训中心（图 7-2）。在虚拟仿真教学资源开发方面，学校立足建筑全产业链人才培养目标，通过与多家行业协会和科研院所合作，梳理、分析学校建筑全产业链相关专业实训教学和培训过程出现的"三高三难"问题，有针对性地开发虚拟仿真实训资源，满足学校多专业的虚拟仿真实训需求。在建设过程中，注重虚拟仿真实训资源与虚拟仿真教学终端装备的匹配度，各类资源使用不同硬件设备进行交互。同时，确保基地涉及场所、硬件设备和实训资源均可通过开放式虚拟仿真实训教学管理平台实现整体管控。

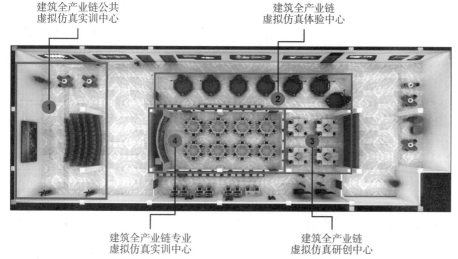

图 7-2 彩色图片

图 7-2　示范性虚拟仿真实训基地布局图

7.2.1.1　开放式虚拟仿真实训教学管理平台

平台整体采用浏览器和服务器（B/S）架构，包含公共基础支撑子系统、智慧共享门户子系统、智慧实训场所管理子系统、VR 教学管理子系统、云渲染服务管理子系统、线上实训教学管理子系统、开放接口管理子系统、实训数据挖掘及分析子系统。

7.2.1.2　建筑全产业链公共虚拟仿真实训中心

该中心利用 LED 大屏幕立体显示系统及配套设施开展各专业公共实训课教学，采用阶梯式空间布局，适合以大班级为单位组织教学的通识性课程和基础性课程。该中心的虚拟仿真教学资源主要有两类。

（1）施工工程三维虚拟实训资源　施工工程是土木工程类专业基础课程，主要培养学生的施工方法制定能力。该资源还原了建筑现场施工过程，涵盖了柱、梁、板钢筋绑扎施工工艺和后浇带、钻孔灌注桩等实训内容，使学生对建筑施工过程建立直观的认识和了解，加深对施工工程基本原理的理解。该资源属于认知强化类资源。

（2）建筑构造三维虚拟实训资源　建筑构造是土木工程类专业基础课程，主要培养学生的建筑构思能力。在该资源中，学生通过拖拽材料进行装配式建筑的自主设计搭建。在确定轴线的基础上，拖拽梁、柱、门、窗、外墙、内墙等组件，自主设计参数完成从基层至顶层建筑搭建的完整过程，其中墙体、窗、门等材料有多种样式可供选择，搭建完毕后学生可查看搭建效果。该资源属于简单设计类资源。

7.2.1.3　建筑全产业链虚拟仿真体验中心

该中心配备了 7 套 VR 行走平台和头戴式 VR 交互系统，可用于开展建筑全产业链实训教学体验、宣传和科普活动。该中心的虚拟仿真教学资源主要有 3 类。

（1）古建筑还原虚拟仿真实训资源　该资源帮助学生快速掌握中国传统古建筑知识，获取建筑设计经验，有效降低学生在复原古建筑时的错误率。该资源属于沉浸体验类资源。

（2）木质楼阁建筑结构展示和识别虚拟仿真实训资源　该资源主要对祈年殿进行仿真，使学生直观地观察了解该建筑的构造，学生可完成斗栱装配、祈年殿装配、部件透明度调节、模型独立展示等虚拟操作。该资源属于沉浸体验类资源。

（3）传统木结构营造方法与地震破坏虚拟仿真实训资源　该资源能够强化学生的抗震知识，学生可根据地震强度和建筑物结构参数，自主设计建筑物并获取建筑物在不同强度地震中的破坏情况，从而增强对建筑构造与地震破坏程度关系的认识。该资源属于简单设计类资源。

7.2.1.4　建筑全产业链虚拟仿真研创中心

该中心由高性能 VR 工作站构成，采用可拼接六角桌进行分组式布置，并搭配智慧教室相关多媒体设备，可开展分组协同式的教学活动。该中心不仅可以承担多个专业的虚拟仿真实训教学任务，同时还可以为课题研究、成果展示等提供专业化平台。依托虚拟仿真研创中心，学校可以在现有教材和资源基础上，二次开发相关专业校本教材及配套虚拟仿真实训资源。该中心配备的资源与 7.3 中介绍的职业院校虚拟现实专业实训室类似。

7.2.1.5　建筑全产业链专业虚拟仿真实训中心

该中心有针对性地解决建筑工程专业实训教学过程中的"实地教学难""实训受制天气""实训设备昂贵"等棘手问题。该中心采用六角桌式布局，配备了 48 套桌面 VR 交互系统和 16 m² 的 LED 大屏幕立体显示系统，为学生提供沉浸式教学环境。该中心的虚拟仿真教学资源主要有 3 类。

（1）绿色建筑设计与节能性能评价虚拟仿真实训资源　该资源以绿色建筑的节能性能为核心，包括建筑气候虚拟仿真认知实训、建筑群布局规划虚拟仿真实训、建筑单体设计虚拟仿真实训和建筑细节设计虚拟仿真实训。该资源有利于培养学生从事绿色建筑节能设计的全局设计观，提高学生完成绿色建筑节能设计的知识和技能水平。该资源属于认知强化类资源。

（2）传统民居建筑设计与建造虚拟仿真实训教学资源　该资源包括传统民居建筑理论知识学习、民居类型选择及砖墙设计、砖墙建造工艺模拟操作、砖拱建造工艺模拟操作。该资源属于自主设计类资源。

（3）建筑室内空气环境虚拟仿真实训资源　该资源包括设计性实训和演示性实训两个模块：设计性实训模块主要针对室内气流的设计与性能评价，包括建筑构造参数设计和通风空调系统末端方案参数设计，采用数值流体力学仿真分析方法，根据仿真计算结果对不同设计方案进行比较和优化；演示性实训模块提供针对不同建筑模型的设计方案展示。该资源属于自主设计类资源。

7.2.2　建设成效

依托虚拟仿真实训基地，学校建设了符合产业要求和发展趋势的实训环境，可满足多个专业的虚拟仿真教学和实训需求。同时开发了一批优质的虚拟仿真实训教学资源，为"三高三难"类实训内容的开展提供了基于虚拟仿真技术的解决方案，促进了实训教学改革，促进了人才培养质量的提高，有利于"双师型"高水平教师队伍建设。除服务本校外，学校还面向全省中高职院校在校学生、相关企业员工、农民工以及下岗职工等社会学习者开展职业技能培训，为区域现代建筑产业发展提供支持，每年对外开放时长不低于 200 h。

7.3　职业院校虚拟现实专业实训室

某职业院校虚拟现实专业实训室集教学、研创、展示功能于一体，为虚拟现实、数字媒体相关专业以及对虚拟现实感兴趣的教师与学生提供教学、创作、交流、合作、展示的空间，可支持开展虚拟现实专业基础教学、师资培训、虚拟仿真项目研发及指导培训、作品测试及展示等教学活动。虚拟现实专业实训室建设坚持以学生为中心，结合行业前沿技术标准，依照虚拟现实及相关产业的岗位人才需求，由产品脚本编写软件、平面设计软件、三维建模软件、虚拟现实项目开发引擎等构成基础软件环境，以虚拟现实企业真实项目开发案例、虚拟现实项目开发素材库为主要教学资源，配备多样化的虚拟仿真教学装备，为学校师生提供沉浸式、互动式教学环境。虚拟现实专业实训室是虚拟现实项目孵化的摇篮，可为学校、地区的虚拟现实知识科普、项目开发提供服务，促进虚拟现实技术的应用与发展。

7.3.1　建设内容

虚拟现实专业实训室总建设面积为 240 m²，由大屏交互区、VR 实训区和 VR 项目开发区 3 个区域构成，整体布局如图 7–3 所示，建设实际效果如图 7–4 所示。

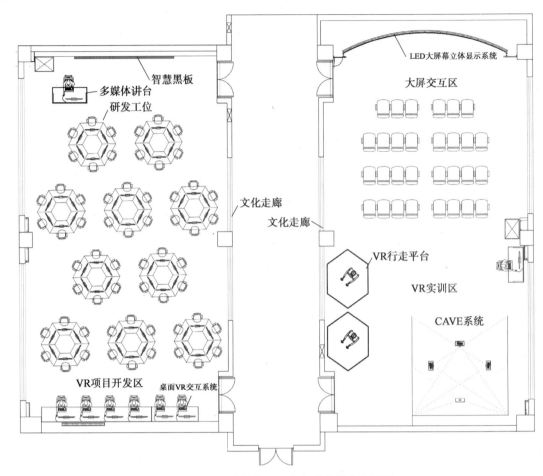

图 7-3 职业院校虚拟现实专业实训室布局图

7.3.1.1 虚拟现实专业实训室教学管理平台

该平台具备组织架构管理、教学资源与设备管理、场室预约与使用管理、教务管理、数据统计分析与可视化等功能。此外，平台还支持智能组卷、自动批阅，并且可提供多终端装备（个人计算机、平板电脑、手机等）学习支持服务。该平台与学校其他信息系统对接，避免了重复数据的多次录入和用户多次登录，支持与数据共享总控系统对接，方便学校根据企业发布的实习岗位需求筛选符合要求的学生，为学生提供实习资格和就业机会。

7.3.1.2 专业实训设备

按照功能区域划分，大屏交互区有 LED 大屏幕立体显示系统、近眼显示系统等设备，主要用于实现专业虚拟仿真教学、研创成果展示功能，一般采用集中式一对多的班级教学模式，由教师进行讲解，班级学生进行集体观摩；VR 实训区有头戴式 VR 交互系统、CAVE 系统等设备，为专业师生提供沉浸式、互动式实训环境，主要用于开展专业虚拟仿真教学，一般采用一对一或一对多的教学模式，由

A. CAVE系统

B. VR行走平台

C. 大屏交互区

D. VR项目开发区

图 7-4 彩色图片

图 7-4　职业院校虚拟现实专业实训室效果图

教师进行讲解，学生在沉浸式、交互式环境中进行学习、实训；VR 项目开发区有桌面 VR 交互系统、个人计算机等设备，主要用于实现专业教学、研创功能，一般采用"线上＋线下"的混合式教学模式，教师进行研创教学，学生在教师指导下进行虚拟现实项目的研创开发。

7.3.1.3　实训室虚拟仿真教学资源

实训室虚拟仿真教学资源主要包括企业真实虚拟现实项目开发案例、项目开发素材库及特效资源等。师生可在 VR 项目开发区使用项目开发案例、素材库等资源开展专业教学、实训、研创活动，并将开发完成的项目在大屏交互区与 VR 实训区进行测试、发布、应用、优化和展示。

（1）企业真实虚拟现实项目开发案例教学资源　企业真实虚拟现实项目开发案例旨在培养师生的项目实践实操能力（图 7-5）。

① 虚拟现实项目案例教学资源　该类案例主要包括模拟打靶、艺术展厅、虚拟绘画等内容。教师可应用该资源教授硬件设备规格、设备安装和校准、Unity 编辑器的基本操作、项目场景制作、全局照明技术、主要交互功能实现、项目调试、优化和部署等知识，帮助学生掌握虚拟现实项目开发软件与硬件环境搭建、三维场景搭建、虚拟现实交互设计与实现等技能。

② 增强现实项目案例教学资源　该类案例主要包括展厅导览、旅游导览、动

图 7-5　各类企业项目案例教学资源

物观察等内容。教师可应用该资源教授增强现实项目平台发布、服务器链接、多人在线同步、素材和界面制作、动画系统、AR 功能设计与实现等知识，帮助学生掌握增强现实项目开发软件与硬件环境搭建、素材和界面设计与制作、AR 功能设计与实现等技能。

③ 游戏项目案例教学资源　该类案例主要包括二维益智类游戏、三维礼仪文化游戏等内容。教师可应用该资源教授核心算法、界面设计与实现、动画设计与制作等知识点，帮助学生掌握游戏的界面、动画、交互设计与实现等技能。

④ 虚拟仿真实训案例教学资源　该类案例主要包括各类高投入、高难度、高风险、难实施、难观摩、难再现的虚拟仿真实训。教师可应用该资源教授虚拟仿真项目需求分析、功能设计、场景设计及搭建、界面设计及实现、交互功能设计与实现、项目调试、优化和部署等知识，帮助学校师生掌握虚拟仿真项目制作技术标准、交互设计与实现等技能。

（2）项目开发素材库及特效资源　素材资源库包括依据专业模型分类标准制作的三维模型、平面素材、插件、特效等资源。该资源可帮助学校师生更加高效地完成项目开发。

7.3.2 建设特色和成效

在资源建设方面，通过校企合作开发符合虚拟现实、数字媒体行业岗位技能要求的教学资源。在虚拟仿真教学资源开发前期和中期，保留项目开发过程文件，如策划文本、原型图、源文件、素材等，可转化为制作精品课程的素材；在开发后期，校企双方进一步合作编写新形态教材，建设新型教学资源，共同进行教学资源的设计、升级、研究与创新。在此过程中，教师逐步参与项目开发、课程制作，学校与企业联合组建教学团队，企业工程师作为教学团队成员，参与技术培训和教学活动，有效加强了"双师型"教师队伍建设。

在人才培养方面，依托企业提供的真实项目开发案例，使学生全面了解虚拟现实行业的现状、前景及应用，熟练掌握脚本设计、原型设计、需求分析与任务分配、开发环境搭建、资源制作与研发、软件测试与发布这一完整工作流程，提升学生适应项目策划、产品设计、程序开发等虚拟现实岗位的能力，具备独立完成虚拟仿真资源开发的基础知识与技术能力。

7.4 中小学虚拟现实功能教室

某中学的虚拟现实功能教室融合了虚拟现实、人工智能和 5G 等前沿技术，为学生提供虚实融合的创新课程资源和情境式、体验式、探究式教学环境，打造生动、直观、形象的智慧课堂。在虚拟现实功能教室中，既可以一人一机进行个性化探究操作，也可以多人一机进行分组式协作学习。学校可以针对不同学段的教学需求，开展实验探究课程、科普教育课程，以及生命科学与健康教育、生涯规划与职业体验等素质拓展课程教学，虚拟现实功能教室创新了教学方式，丰富了学校课程体系，满足了学生多样化发展需求。

7.4.1 建设内容

虚拟现实功能教室由头戴式 VR 交互系统、创新课程资源、VR 教学管理系统、VR 移动工作站和教学辅助设备构成（图 7-6）。此外，还需要配备教师多媒体操作台、学生课桌椅、一体机、教室扩音系统等设施。可以参考多媒体教室的配备标准进行建设。

7.4.1.1 头戴式 VR 交互系统

学校按照 2 人一套的分组教学模式配备可支持六自由度（6DoF）的头戴式 VR 交互系统。该设备具有稳定高精度的头部和手部 6DoF 追踪定位功能，无须任何外部传感器，即可完成对头部和双手运动的追踪，提供全身心交互以及更加真实的沉浸感，学生可以轻松在虚拟世界中完成空间位移、观察环境、双手协同操作等相对复杂的真实动作。同时，该设备具备可透视周围真实环境的视频功能，学

图 7-6 虚拟现实功能教室实景图

生能够通过头盔看到周围的环境，有效防止磕碰、摔倒等安全事故发生。头戴式 VR 交互系统可以收纳在具备充电消毒功能的移动工作站中，可以方便地将头戴式 VR 交互系统移动到不同的教室。

7.4.1.2 创新课程资源

创新课程资源是虚拟现实功能教室的核心，涵盖课标课程、科普教育、素质拓展等课程资源，能够丰富学校课程体系，满足学生多样化发展需求。学校根据自身需求，从技术企业选择购买以下资源并直接安装到头戴式 VR 交互系统中，这些资源可以离线使用。

（1）小学科学创新课程资源　将"物质科学领域""生命科学领域""地球与宇宙科学"和"技术与工程领域"4 个领域的科技前沿知识和最新技术成果融入创新课程资源，突出创设学习环境，拓宽学生视野，激发学生学习兴趣。该资源属于沉浸体验类资源。

（2）中学物理、化学、生物创新课程资源　提供理化生学科实验，涵盖初中常用实验器材和精密仪器，能够直观地展示实验现象及实验原理，使学生在操作中掌握每种器材、仪器的正确操作办法、实验步骤及实验原理等知识。同时学生能够大胆地进行探究，验证自己的想法，而不受限于特定的实验室环境和器材。该资源属于认知强化类资源。

（3）科普教育创新课程资源　提供多样化的科普主题活动，通过创设"知识原理""生活情境"和"科技前沿"相结合的教学情境，将学生带到现实中不可及、不可达、不可逆的环境中，培养学生综合运用知识解决真实情境问题的能力。该资源属于沉浸体验类资源。

（4）素质拓展创新课程资源　配套文学、体育、艺术、法律、心理、党建等主

题的课程资源，满足学生全面发展需求。该资源属于沉浸体验类资源。

（5）生涯规划和职业体验创新课程资源 包含航空航天类专业、电力工程类专业、生命科学类专业、医药学类专业、艺术设计类专业、文学专业、历史学专业和地理科学专业在内的学科介绍及相关职业的虚拟现实体验资源。该课程能够帮助学生了解和体验相关职业，发掘学生兴趣爱好与特长，帮助学生建立更清晰的职业规划。该资源属于沉浸体验类资源。

7.4.1.3 VR 教学管理系统

VR 教学管理系统可监控学生 VR 教学设备运行情况，如在线状态、电量状态等。系统可管理课程资源和学习模式，如教师为学生指定资源，指定学生 VR 教学设备的学习状态；学生在自由模式下可以自主选择课程资源；在受控模式下只能打开教师指定的学习资源。教师还可以观察学生的操作画面，并将其分享展示给其他学生，也能够将教师的操作演示展示给全体学生，同时教师能够指定学生进行分组，多人可以一同操作同一个课程资源。系统支持教学管理，可帮助教师收集学生的过程性操作信息，并进行统计分析。

7.4.2 建设成效

通过建设虚拟现实功能教室，增强了实验教学的趣味性和吸引力，提高了实验教学质量和效果。教师们充分认可虚拟现实功能教室在学科教学中的应用价值以及"虚实结合"的教学模式，学生们纷纷表示虚拟现实功能教室为他们打开了科技之门。在虚拟现实功能教室中，可以观察到因受时空限制而在现实生活中无法观察和控制的事物和现象、变化太快或太慢的过程，还可以开展有危险性、破坏性和对环境有危害的实验。

通过开展场景式、体验式、互动式、探究式科普教育主题活动，助推"双减"工作，提高课后服务质量，为学生提供"知识原理""生活情境""科技前沿"相结合的多情境教学模式，让学生身临其境地探索求知、亲身感悟，培养学生科学兴趣、创新意识和创新能力。

7.5 行业岗位技能培训室

安全培训工作对安全生产具有重要意义，是保障生产人员生命安全的基础性工作。国务院安全生产委员会于 2012 年 12 月发布《关于进一步加强安全培训工作的决定》（安委〔2012〕10 号），要求"提高 3D、4D、虚拟现实等技术在安全培训中的应用，组织开发特种作业各工种仿真实训系统"。建筑行业具有施工周期长、岗位工作环境复杂等特点，建筑施工人员需要从事登高作业、有限空间作业等危险性较高的工作，同时施工作业人员普遍存在安全意识薄弱、安全防护能力不足等问题。建设针对建筑施工岗位的建筑安全 VR 培训室有利于提高安全培训效率，改善培训效果。

7.5.1 建设内容

建筑安全 VR 培训室一般建设在企业项目现场，便于员工能够随时进行体验学习。培训室由企业安全培训平台、建筑安全 VR 培训室装备和建筑安全 VR 培训资源组成（图 7-7）。

图 7-7 彩色图片

图 7-7 建筑安全 VR 培训室效果图

7.5.1.1 企业安全培训平台

企业安全培训平台可对建筑安全虚拟培训资源和终端装备进行集中管理，可实现建筑安全虚拟培训资源的分发与共享。管理员可对平台数据进行增、删、查、改，完成学习资源上传、维护等操作。

（1）制定培训计划 管理员可根据企业实际情况合理设置培训时间、培训时长、培训内容和课前测验等内容，并将已经创建好的培训计划、培训课程、测验安排给员工。

（2）考试管理 考试管理包含考试组织、考试监控、阅卷管理、证书管理全过程，管理员可实时查看员工的考试完成情况及分数。考试结束后，管理员可借助平台进行阅卷，客观题由平台自动阅卷，主观题由系统管理员人工阅卷。

（3）统计分析 平台可实现多维度数据统计，支持统计数据导出，可对培训过程、员工受训结果进行存储和分析，为组织安全培训资源的规划和建设、优化员工技能训练及考核安排等提供参考依据。

7.5.1.2 建筑安全 VR 培训室装备

建筑安全 VR 培训室终端装备包含以下两种。

（1）VR 蛋椅　VR 蛋椅通过虚实结合的方式增强安全体验效果。VR 蛋椅的动感设计能使员工在体验虚拟场景变化的同时，同步感受真实的身体晃动，从视觉、听觉、触觉三方面进行更为真实的事故情景体验，从而让事故体验更具震撼力，提升安全教育效果。

（2）头戴式 VR 交互系统　头戴式 VR 交互系统选用的具体产品为 HTC Vive。HTC Vive 创造的封闭、立体场景和音响系统将员工的视觉、听觉与外界隔离，让员工完全沉浸在虚拟安全事故情境之中。员工可使用手柄进行单人或多人联机交互操作。

7.5.1.3 建筑安全 VR 培训资源

建筑安全 VR 培训资源包括安全生产常识系列资源、安全事故体验资源和特殊工种系列资源。

（1）安全生产常识系列资源　以视频、动画的方式，形象、生动、有趣地展示和宣传施工过程中涉及的各类施工场景、安全常识等内容，包括安全生产意义、安全生产方针、安全生产主要职责、安全生产权利、安全生产义务、安全生产六大纪律，以及安全生产十不准、正确佩戴个人防护用品、安全标志常识等内容。该资源属于认知强化类资源。

（2）安全事故体验资源　以三维虚拟仿真引擎工具为技术开发平台，结合 3D 建模、计算机网络、动画模拟、人机交互等手段，以二维和三维结合的方式，形象、生动、有趣地展示施工过程中涉及的施工场景和安全事故。安全事故体验资源涵盖高处坠落、物体打击、机械伤害、坍塌事故、触电事故 5 类常见的建筑安全事故，电焊机触电、电锯切割手指、吊篮坠落、基坑坍塌、塔吊倒塌等多个典型场景，较为全面地展示了员工日常工作中各种可能发生的意外，全面介绍了各类事故的危害、成因和预防措施。该资源属于沉浸体验类资源。

（3）特殊工种系列资源　以三维的方式模拟施工场景，对建筑施工架子工、电工、信号工、起重机械司机、混凝土工等特殊工种的作业基础知识、操作规程、作业环境潜在危险、防护用具使用等内容进行介绍，使特殊工种作业人员对其工作的危险性、防范要求和应对方法形成较为全面的认知。该资源属于沉浸体验类资源。

7.5.2　建设成效

建筑安全现场培训因高成本、高危险、极端环境、不可逆、大型综合等原因，很难在真实场景中开展，建筑安全 VR 培训室实现了对传统培训过程的补充与完善，提高了员工参与培训的兴趣和培训效率，提高了企业安全培训的质量。在传统培训中，企业员工在项目现场的培训依赖于老员工的言传身教，导致各地区、各施工单位，甚至是各个工程部门之间的培训水平、培训效果良莠不齐。建筑安全 VR 培训室依托企业安全培训平台，整合各工种、岗位的培训资源，实现了企业在全国范围内优质培训内容的共建共享，有助于各地区施工单位按照统一的标准完成员工培训，提高了安全培训工作的标准化、规范化程度。

参考文献

安德烈·焦尔当. 学习的本质 [M]. 杭零, 译. 上海: 华东师范大学出版社, 2015.

陈凯泉, 沙俊宏, 何瑶, 等. 人工智能 2.0 重塑学习的技术路径与实践探索——兼论智能教学系统的功能升级 [J]. 远程教育杂志, 2017, 35 (5): 40–53.

高东怀, 沈霞娟, 宁玉文, 等. 高校信息化教学环境层次模型的设计与应用 [J]. 现代教育技术, 2011, 21 (2): 52–56.

黄荣怀. 智慧教育的三重境界: 从环境、模式到体制 [J]. 现代远程教育研究, 2014 (6): 3–11.

教育部办公厅. 关于 2017—2020 年开展示范性虚拟仿真实验教学项目建设的通知 (教高厅〔2017〕4 号) [Z].2017–7–11.

教育部等六部门. 关于推进教育新型基础设施建设构建高质量教育支撑体系的指导意见 (教科信〔2021〕2 号) [Z].2021–7–1.

教育部高等教育司. 关于开展国家级虚拟仿真实验教学中心建设工作的通知 (教高司函〔2013〕94 号) [Z].2013–8–13.

教育部科技发展中心. 职业教育示范性虚拟仿真实训基地建设指南 (教技发中心函〔2021〕17 号) [Z].2021–9–10.

教育部职业教育与成人教育司. 关于开展职业教育示范性虚拟仿真实训基地建设的通知 (教职成司函〔2020〕26 号) [Z].2020–9–21.

雷朝滋. 教育信息化: 从 1.0 走向 2.0——新时代我国教育信息化发展的走向与思路 [J]. 华东师范大学学报 (教育科学版), 2018, 36 (1): 98–103, 164.

刘航, 陈肖龙, 李卓晖, 等. 基于 CAVE 虚拟现实技术的电网线路灾情勘察训练系统设计与实现 [J]. 南方能源建设, 2021, 8 (增刊 1): 10–19.

芦俊, 杨春. 地震波传播虚拟仿真教学系统建设与成效 [J]. 中国地质教育, 2021, 30 (4): 112–117.

欧阳普勇. 基于云计算的经管类虚拟仿真实验教学平台的设计与研究 [J]. 科技广场, 2019 (6): 77–82.

平行云. 实时云渲染 + 虚拟仿真实验解决方案 [Z]. 2020–11–16.

盛雪云. 虚拟仿真, 引领教育变革新时代 [J]. 在线学习, 2021 (12): 67–69.

孙振明, 侯运炳, 王雷. 云渲染技术在虚拟仿真教学系统中的应用 [J]. 实验技术与管理, 2020, 37 (7): 136–139.

陶明华，王斌．沉浸理论在虚拟学习环境设计中的应用 [J]．中国教育信息化，2009（17）：69–72．

王娜，张应辉．基于有效教学的智慧型法学虚拟仿真实验室建设路径研究 [J]．实验技术与管理，2020，37（4）：24–27．

王松涛，沈宝国．构建泛在信息化教学环境在促进教育教学改革中的应用 [J]．数字技术与应用，2021，39（12）：5–7，11．

王雯，韩锡斌．面向远程技能训练的在线教学模式研究 [J]．中国职业技术教育，2021（26）：41–51．

邢以群，鲁柏祥，施杰，等．以学生为主体的体验式教学模式探索——知识到智慧 [J]．高等工程教育研究，2016（5）：122–128．

熊宏齐．基于虚拟仿真的线上线下融合专业实验教学体系构建 [J]．实验技术与管理，2022，39（3）：5–10，25．

虚拟仿真实验教学创新联盟技术工作委员会．虚拟仿真实验教学课程建设与共享应用规范（试用版·2020）[Z]．2020–10–30．

杨通宇，陈庆良，何克，等．体验教学的理论研究 [J]．当代教育论坛，2006（8）：60–62．

姚瑶．区块链知识与虚拟仿真实验混合式教学模式及应用效果研究 [D]．南昌：南昌大学，2021．

张敏，文福安，刘俊波．高质量虚拟仿真实验教学课程内涵和特征 [J]．实验技术与管理，2022，39（3）：1–4．

张敏．虚拟仿真实验的设计与教学应用 [M]．北京：高等教育出版社，2021．

祝智庭，胡姣．教育数字化转型的实践逻辑与发展机遇 [J]．电化教育研究，2022，43（1）：5–15．

祝智庭，魏非．教育信息化2.0：智能教育启程，智慧教育领航 [J]．电化教育研究，2018，39（9）：5–16．

Wen FA. Open Web–Based Virtual Lab for Experimental Enhanced Educational Environment, eLearning–Theories, Design, Software and Applications [M]. InTech, 2012：239–260.

读者意见反馈

为收集对教材的意见建议,进一步完善教材编写并做好服务工作,读者可将对本教材的意见建议通过如下渠道反馈至我社。

咨询电话　 400-810-0598

反馈邮箱　 gjdzfwb@pub.hep.cn

通信地址　 北京市朝阳区惠新东街4号富盛大厦1座　 高等教育出版社总编辑办公室

邮政编码　 100029

防伪查询说明

用户购书后刮开封底防伪涂层,使用手机微信等软件扫描二维码,会跳转至防伪查询网页,获得所购图书详细信息。

防伪客服电话　 (010)58582300